PSIQUIATRIA, FÍSICA QUÂNTICA E ESPIRITUALIDADE

Uma nova ciência para uma velha mística ou
uma velha mistificação para uma nova ciência?

Fabrício Oliveira

PROMOÇÃO DE SAÚDE E PAZ

PSIQUIATRIA, FÍSICA QUÂNTICA E ESPIRITUALIDADE

Uma nova ciência para uma velha mística ou uma velha mistificação para uma nova ciência?

Fabrício Oliveira

Artesã

Psiquiatria, Física Quântica e Espiritualidade: uma nova ciência para uma velha mística ou uma velha mistificação para uma nova ciência?

1ª edição

COORDENAÇÃO EDITORIAL
Karol Oliveira

DIREÇÃO DE ARTE
Tiago Rabello

REVISÃO
Giovanna M. Hailer Felipe

CAPA
Karol Oliveira

PROJETO GRÁFICO E DIAGRAMAÇÃO
Conrado Esteves

O48 Oliveira, Fabrício.
Psiquiatria, física quântica e espiritualidade : uma nova ciência para uma velha mística ou uma velha mistificação para uma nova ciência? / Fabrício Oliveira . – Belo Horizonte : Ed. Artesã, 2018.

132 p. ; 21 cm.

ISBN: 978-85-7074-008-3

1. Psiquiatria. 2. Espiritualidade. 3. Teoria quântica. I. Título.

CDU 616.89

Catalogação: Aline M. Sima CRB-6/2645

IMPRESSO NO BRASIL
Printed in Brazil

ARTESÃ EDITORA LTDA.
Site: www.artesaeditora.com.br
E-mail: contato@artesaeditora.com.br
Belo Horizonte/MG

Dedicatória

Dedico esse livro para Larissa – mãe de meus filhos – em nome da minha gratidão e eterna amizade.

Agradecimentos

Esse terceiro volume é o acabamento da primeira parte de uma obra, e também de uma vida. Pelos que revisaram esse que antes seria apenas um que se tornaram três, ao Dr. Eduardo Penido, ao Dr. Gustavo Bruno Pires Bastos, à Dra. Natalia Champs, ao Dr. João Plascak, ao Dr. Gilson Freire, Dra. Lívia Brandão, ao Dr. Fernando da Silva Barros, à Dra. Ana Flávia Alves de Oliveira e Oliveira, por todas as considerações. Vocês certamente fizeram a minha obra muito melhor apontando erros, dando sugestões que certamente me salvaram de muitos tropeços!

Agradeço aos meus filhos, que são a minha inspiração constante e aos meus pais, junto com a minha irmã, pela agradável emoção de dever cumprido nessa hora. E também a todas as famílias que meus filhos uniram, junto com a mãe deles, a quem honro e agradeço também!

Agradeço ao Alcebino, à Karol, e a todos os amigos da editora Artesã, e também à nossa revisora, Giovanna, pelas importantes considerações.

À vida, aos meus orientadores do Mestrado, que me ajudaram, sem saber, na revisão desse livro, organizando melhor meu pensamento – numa perspectiva acadêmica e científica – evitando que incorresse nos graves erros a que estão sujeitos aqueles que se propões uma escrita leiga.

A todos aqueles que trabalham na interface da Medicina com a Espiritualidade, a minha gratidão! Espero que todos um dia possamos estar novamente de mãos dadas, mais curados, iluminados e humildes, suprimindo toda e qualquer diferença – que por ventura exista – para não comprometermos a grandeza da Grande Obra!

Um forte abraço!

Sumário

Prefácio

Este livro propõe uma discussão singela e intrigante a respeito de um tema, ou melhor, de uma superposição de temas que têm causado muita polêmica e fascinação. Trata-se da interface da Espiritualidade e da Física Quântica, numa perspectiva entremeada pela minha formação como psiquiatra, que perpassa o vasto campo da neurociência e seus desdobramentos.

Como em toda polêmica, existem sempre os lados mais aguerridos, de um lado o dos céticos, alguns físicos e materialistas que não concebem a aproximação de um tema tão científico como a Física Quântica e sua ampla complexidade teórica com o tema da Espiritualidade: essa linha eu chamaria de Ceticismo Quântico. E de outro lado, uma vasta gama de religiosos, místicos, cientistas e pseudocientistas que investigam, estudam – ou não – a área da Física Quântica e que concebem uma aproximação mágica desse tópico da Ciência com a Espiritualidade, atribuindo, em grande parte, várias das teorizações quânticas – de forma forçada ou desengonçada, quando não profética e apoteótica – aos aspectos das espiritualidades de várias religiões ou correntes do Espiritualismo científico, a que chamo de Mistificação Quântica.

Diante dessa ponte, que às vezes parece um abismo, dividindo mais que unindo, criando pseudo conceitos científicos e religiosos e visões distorcidas de uma realidade espiritual ou científica, decidi investigar um pouco mais sobre esse assunto.

Pretendo criar aqui um clima agradável de discussão e exposição de ideias. Eu sei que muitos dos meus leitores poderão estar identificados com um dos dois polos pontuados acima. Porém, se estiverem no meio termo, talvez, como eu, estejam mais abertos a pensar contra e a favor das hipóteses que irei levantar nesse livro, fruto de meus estudos, perquirições e também experiências de consultório na área da saúde, as quais gostaria de compartilhar.

Trata-se de compartilhamentos despretensiosos, mas que julgo poderão ajudar as pessoas a saber com mais clareza o que é e o que não é Física Quântica e a partir daí, que elas possam, por um lado, ter um olhar mais crítico ou mais curioso, ou por outro, entender as possíveis interlocuções desse assunto com outros assuntos, como a Espiritualidade, que aparentemente pode parecer não apresentar nenhum – ou quase nenhum – ponto de contato com essa ciência.

Eu poderia ter usado vários referenciais para expor tais conceitos, porém escolhi o Cristo Jesus. Acredito que o interesse nele, por parte de muitos, pode ser bem maior do que o interesse explícito na Física Quântica em si, como é o meu próprio caso. Entretanto, na medida em que vamos estudando a sua vida, seus ensinos e suas manifestações neste mundo, podemos observar que alguns desses episódios poderiam ser estudados numa perspectiva entre a Espiritualidade e a Ciência, particularmente, com lentes filosóficas que pudessem extrapolar os conceitos da Física Quântica – apenas como hipóteses e não como fatos comprovados. Isso porque, inicialmente, os conceitos quânticos foram aplicados às partículas do mundo subatômico, e proponho aqui que também possam ser aplicados para a compreensão de fenômenos associados à interação entre as consciências humanas e animais, numa perspectiva espiritualista.

Assim, aqueles que acreditarem que a abordagem deste livro será materialista, poderão se frustrar. A abordagem é espiritualista, a qual considera – como hipótese de trabalho – a mente como algo além do que uma mera secreção do cérebro. Isso significa que consideramos que a mente seja dotada de certa independência em relação ao mesmo, o que pode representar que ela seja não apenas a última instância de elaboração das informações recebidas pelos sentidos e decodificadas pelo cérebro, formando pensamentos e emoções, mas também a primeira instância da recepção de informações mais sutis, também decodificáveis pelo cérebro e passíveis de transmitir e plasmar novas realidades mentais e emocionais em todo o corpo. Estados esses que repercutam no eixo hipófise-hipotálamo-adrenal, numa perspectiva bio-psico-socio-espiritual e espirito-socio-psico-biológica, intermediada pelo substrato teórico-conceitual da psiconeuroimunologia, promovendo novos estados de saúde ou doença, na realidade de um indivíduo ou de uma coletividade, segundo os tipos de interação que se estabeleçam.

Dentre as questões que me proponho a responder com esse volume então estariam, dentre outras, as seguintes: existe alguma possibilidade de a física quântica interagir com temas de espiritualidade sem cair na mistificação? Seria a visão quântica passível de ser extrapolada, em apenas certos aspectos, a alguns comportamentos da mente humana? Seria essa visão a base filosófica para uma nova mística calcada em bases mais científicas? Ou seria apenas mais uma forma de crença fantástica e mistificação, engodando almas ingênuas a manter crenças pueris e superficiais?

Ao final deste pequeno volume introdutório, espero as reflexões mais amplas, que você se sinta mais enriquecido – como eu me senti diante dos questionamentos pelos quais passei e expus abertamente acima – de conceitos e reflexões para ter a sua própria opinião a esse respeito. Talvez você já tenha uma opinião formada e solidamente construída. Nesse caso, não será minha a pretensão de lhe demover de nada. Talvez esse livro em nada venha lhe acrescentar mesmo a respeito.

Porém, se você for daqueles, como eu, que acredita em algo até que algo melhor apareça, convido-o a debruçar-se descontraidamente sobre as páginas desse livro, pois ele pode não ser um grande tesouro, mas talvez revele trilhas de autodescoberta sobre os seus verdadeiros potenciais intelecto-mentais até então não explicados pelas formas de conhecimento tradicionais. Além disso, ao final desse volume, recomendo fortemente a visita às referências bibliográficas indicadas.

Numa perspectiva biológica, parece-me que as nossas possibilidades mentais serão – por meio da atribuição e do uso consciente da intuição como recurso fundamental da evolução coletiva – fundamentais para a construção de uma sociedade onde imperem valores de fraternidade e promoção de saúde e paz. Se essas possibilidades intuitivas revelam propriedades passíveis de serem chamadas de quânticas ou não, talvez você possa responder, por si mesmo, ao chegar ao final desse volume.

Assim, você poderá se sentir mais propenso a criticar ou estar mais amigo das ideias aqui expostas. Não terei nenhum desprazer em receber ambas as considerações, por *e-mail*, por exemplo, que certamente enriquecerão em muito as minhas presentes reflexões, as quais, espero, possam estar cada vez mais curtidas com o passar dos anos. E que eu possa, inclusive, talvez, no futuro, expor essas mesmas ideias em novas edições dessa brochura, abarcando as reflexões pertinentes que me possam chegar nos próximos anos advindas daqueles leitores que se permitirem ler e refletir de forma comprometida mas, desapegada, a respeito dessas páginas.

Uma ótima leitura!

Fabrício Oliveira.
Outubro de 2018.

Apresentação

"O Espírito penetra todas as coisas."
Paulo – I Coríntios, 2:10.

A observação superficial da realidade que nos envolve induz-nos a dividi-la em dois nítidos domínios: um exterior, composto por potências visíveis ou mesmo invisíveis (como a força gravitacional, por exemplo), a expressar-se ao nosso derredor; e outro interior, a realidade interna, entretecida em pensamentos, sensações e emoções. Assim, não se pôde negar a tão propalada proposta de René Descartes em separar a dimensão existencial em *res extensa*, a coisa extensível ou expansível ao nosso derredor; e em *res cogitans*, a coisa pensante. Para o grande pensador do dualismo fenomênico, a *res extensa* representa não só um obstáculo à plenitude da *res cogitans*, mas estaria dotada de propriedades distintas e inconciliáveis à natureza do pensamento.

O dualismo cartesiano permanece em voga nos nossos dias, sustentado pelo senso comum e corroborado pelas grandes religiões ocidentais, teimando em desfazer-se como um retrato fiel da realidade fenomênica. Entretanto, os avanços da Física Quântica estão ameaçando seriamente a sua veracidade. Os pensadores de vanguarda da ciência atual caminham a passos rápidos para constatar que o mundo exterior e o interior não são entidades antagônicas e inconciliáveis, mas estariam entretecidos em um substrato comum, de natureza ainda indefinível, que se serviria como o sustentáculo para a manifestação de tudo o que existe. Essa grande ideia, filosoficamente denominada *Monismo*, tem a cada dia se tornado mais preponderante entre aqueles que pesquisam a composição da realidade última do Universo.

Nesse sentido, a Física Quântica deu um enorme salto ao verificar a perfeita identidade entre matéria e energia, deixando claro que são apresentações instáveis e reversíveis de um composto comum, que não é matéria nem energia. Exatamente, por isso, as menores partículas atômicas existentes comportam-se também como ondas e as ondas manifestam-se por vezes como corpúsculos, de acordo com os métodos de aferição de suas manifestações.

Inquestionáveis e curiosos experimentos do mundo microscópico cuidaram então de desmantelar o dualismo matéria/energia, fundindo-as em um substrato comum. Já o dualismo mundo físico/consciência não tardaria também a ser questionado, uma vez constatada a preponderante interferência do observador na aferição dos eventos quânticos. Desse modo, essa entidade abstrata e indefinível que chamamos *consciência* terminou por ser incorporada como um elemento ativo dos experimentos físicos. Falta-nos, portanto, muito pouco para constatarmos que a consciência, a qual também poderíamos chamar de Espírito, seja algo de mesma natureza e dotada das mesmas propriedades do mundo concreto – mundo já não tão concreto assim, uma vez que tudo, aos olhos da Mecânica dos Quanta, desfez-se em evanescentes nuvens de probabilidades.

Esse fato levou Amit Goswami, um pesquisador e professor de Física Quântica da Universidade de Oregon, nos EUA, a declarar: “A ciência moderna tem dado apoio a uma visão monista de mundo – a de que existe apenas uma substância a formar a realidade. Com razão, ela evita o dualismo da interação, um legado de René Descartes, em nosso modo de ver a realidade; dualismo e Ciência Quântica são como óleo e água, não se misturam". Deepak Chopra, outro pesquisador da Ciência Quântica, igualmente nos aferiu que: "Não somos meros espectadores espreitando o campo unificado – nós somos o campo unificado. Cada pessoa é um infinito, não limitado pelo tempo e pelo espaço".

Esses avanços têm-nos demonstrado claramente que necessitamos de novas teorias que venham a incorporar a consciência como agente da realidade. E acreditamos que não tardaremos a comprovar que os três elementos básicos do universo, matéria, energia e consciência são manifestações de uma única realidade: a substância do pensamento. Dessa forma, seríamos todos feitos do mesmo constructo de que é constituído o Universo em todas as suas multifárias instâncias fenomênicas, do concreto ao imponderável. É um novo paradigma que se abre aos nossos olhos, demonstrando-nos a possiblidade de a consciência não só interagir com o mundo físico como também dominá-lo, moldando-o a seu gosto e necessidades. E faltará pouco para concluirmos que, muito mais do que isso, a consciência seria na verdade o agente criador e mantenedor do mundo físico.

Ao atingirmos esse desiderato, que não está tão distante, teremos que concordar com nosso companheiro Fabrício Oliveira, o intuído autor desta obra que temos em mãos, quando ele diz que "A consciência é a partícula fundamental", ou seja, o Espírito é o alicerce da realidade, o único elemento de existência real e o agente construtor tanto da dimensão externa quanto da interna de que somos compostos, chegando-se, assim, à composição monista do Universo, como já nos antecipou o filósofo Pietro Ubaldi. "Tudo é espírito no santuário da natureza", afirmou-nos ainda André Luiz, através da pena psicográfica de Chico Xavier.

Se tudo advém de um substrato comum, o tecido da consciência, então facilmente poderemos constatar que tudo no Universo está interconectado e vivemos em uma inquestionável unidade de interação, desde as entidades quânticas aos maiores entes fenomênicos da realidade macrocósmica, uma vez que tudo é de mesma natureza. Muitos pesquisadores da Mecânica Quântica já chegaram a essa conclusão, inferindo-nos que nossas consciências participam de uma incomensurável conjuntura a abarcar todo o Cosmo, dos menores aos maiores seres existentes, configurando a grande *Teia da Vida*, no dizer de Fritjof Capra. Exatamente, por isso, Werner Heisenberg, um dos fundadores da Ciência Quântica, asseverou-nos que "a divisão comum do mundo em sujeito e objeto, mundo interior e mundo exterior, corpo e alma, já não é mais apropriada".

Certamente que essa nova e revolucionária visão da realidade terminará por proporcionar-nos o conhecimento do lugar e do papel que ocupamos neste Universo, bem como de nossa verdadeira origem e do telefinalismo de nossas vidas. Vislumbramos ainda a possibilidade de nos entreabrir um campo de surpreendentes descobertas futuras no domínio das tecnologias sutis, que venham permitir-nos realizações inimagináveis, como, muito possivelmente, o teletransporte de matéria, as comunicações instantâneas, as viagens acima da velocidade da luz e outros feitos até então considerados fantasiosos, além de facilitar o acesso aos desconhecidos potenciais de nossas mentes e suas fantásticas possibilidades.

Por isso, aplaudimos e apoiamos trabalhos como este de nosso dileto companheiro, ao trazer sua importante contribuição, visando unir espiritualidade, consciência e Física Quântica, um passo indispensável rumo a esses avançados desideratos. Felicitamo-lo igualmente por trazer à baila a figura do Cristo, inserindo-o no contexto atual de nossa ciência. O Evangelho não pode ser deixado à margem da história humana e deve ser resgatado em seu indiscutível potencial de promover o nosso progresso moral, indispensável para se construir na Terra um novo homem e uma nova civilização, a civilização do Espírito. Por esse motivo, vale ressaltar o que há no Evangelho de aderente à realidade oculta da vida e evocar as descobertas mais recentes da ciência humana no campo da Física Quântica. Assim, chegaremos à conclusão de que os espantosos fatos pertinentes à vida de Jesus efetivamente encontram agora melhores explicações no âmbito dessa moderna ciência, assim como muitos outros fenômenos ditos milagrosos retratados pela História e incorporados até então como acervos exclusivos da fé.

Ao final de seu trabalho, Fabrício propõe-nos, abrilhantando a sua conclusão, um modelo simples como o dos vasos comunicantes, para nos permitir um melhor entendimento das interconexões quânticas em que estamos imersos. Tese que nos convence de que somos seres extraordinários, dotados de inimaginável potencial espiritual, capazes de conexões incríveis, não locais, em uma perspectiva de criatividade não linear, holística e sistêmica. Faltar-nos-á então muito pouco para admitirmos que estamos também conectados ao Grande Consciente Universal, Deus, de Quem somos criações, convencendo-nos de que somos seres extraordinários, dotados de potências inimagináveis e destinados à eternidade de todos os seus reais valores.

Por tudo isso, congratulamo-nos com o autor e convidamos o leitor a empreender essa pequena, porém rica imersão em conceitos e ideias que nos abastecem dos conhecimentos necessários ao nosso definitivo ingresso na magnífica Era do Espírito que já se anuncia no horizonte próximo.

Nova Lima, primavera de 2018.
Gilson Freire

CAPÍTULO 1

Quem é Jesus?

"Pois antes que Abrãao existisse, Eu Sou." Jesus.
(Atos dos Apóstolos 2,16-17)

Introdução

Falar de Jesus talvez seja um dos maiores desafios de qualquer escritor. Particularmente, tenho uma enorme simpatia pela essência de seus ensinos, que muito ajudam no meu dia a dia a enquadrar a realidade de uma forma mais espiritualizada, pacífica e simples. Naturalmente, que ainda nos consideramos iniciantes nessa ciência do espírito, da saúde e da paz, porém não podemos deixar de expor o nosso amor por esse Mestre que, até o momento, parece-nos ser o maior líder espiritual de todos os tempos e o qual a Terra já conheceu.

Isso não significa que não aprecie os outros, tais como Buda, Lao Tsé, Moisés. Eu sou, pessoalmente, um grande interessado nos ensinos de todos esses grandes homens. Entretanto, nesse livro, optei por abarcar a espiritualidade do Cristo e estabelecer – ou tentar estabelecer – um possível diálogo dessa sua espiritualidade com o tema palpitante da Física Quântica. Será isso possível? É o que veremos nos próximos capítulos!

O Oriente é um manancial de grande sabedoria, e existem relatos históricos e registros de diálogos de grandes físicos do Séc. XX que participaram do surgimento da Mecânica Quântica, com místicos da terra do Sol nascente, procurando *insights* e congruências dos ensinamentos milenares com algumas descobertas e desdobramentos filosóficos que a Teoria Quântica suscitou e suscita até hoje em seus interessados leitores e estudiosos. Não todos, naturalmente. Na ciência, em particular na Física, é comum um ditado que diz: "cale-se, calcule!".

Por um lado, o ditado aplica-se muitas vezes àqueles momentos em que as especulações teóricas começam a sobrar em detrimento da carência de demonstrações matemáticas para as ideias que estão sendo concebidas, convocando o cientista ao foco no trabalho. Contudo, por outro lado, pode representar um excesso de pragmatismo, ou seja, uma dificuldade do indivíduo de deixar a sua mente criativa "viajar" e imaginar coisas, numa atitude meditativa que favoreceria o funcionamento do cérebro de forma não linear, gestáltica, facilitando os processos de "ah-há!" ou "Eureka" que os fatos das descobertas relatados pela História da Ciência nos revelam tão bem. Momentos como aqueles que após noites de sono ou momentos de descontração, o indivíduo encontra de forma inusitada uma resposta para uma questão matemática ou lógica que vinha incomodando-o há anos, por exemplo. Os estudiosos da criatividade tendem dividir em fases o processo criativo, como, grosso modo, os momentos de análise, os momentos de incubação e de processamento inconsciente, e os momentos de *insight* – ou síntese.

Entre o oriente e o ocidente: caminhos da ciência, da filosofia e da religião

Ao contrário do que se possa imaginar, a sociedade tem se mostrado cada vez mais aberta à discussão de temas sobre espiritualidade na interface com vários ramos do conhecimento humano. Historicamente, tem sido cada vez mais comum, por exemplo, o Ocidente buscar inspiração nas fontes substanciosas da Sabedoria Oriental.

Observa-se tal fenômeno nas Artes, na Literatura, na Psicologia, na Filosofia, mas, atualmente, há uma forte tendência de grandes empresários e empreendedores irem buscar *lições* para uma nova forma de ver a vida, por meio da convivência nos monastérios com líderes espirituais da Terra do Sol Nascente.

Na música, por exemplo, é bem conhecido o interesse dos Beatles pela cultura oriental e as várias influências desse universo sobre o comportamento de John Lennon e Ioko, bem como na sua própria musicalidade.

Na Filosofia, Schopenhauer parece ter sido um dos primeiros filósofos do ocidente a assumir a forte influência do pensamento oriental sobre seus escritos, chegando, consequentemente, a influenciar vários outros pensadores, dentre eles, Karl Jaspers, um dos pais da psicopatologia.

No campo da Teologia Cristã, Santo Agostinho, Tomás de Aquino e tantos outros foram responsáveis por dar uma configuração teórico-reflexiva aos ensinos de Jesus, ajudando a firmar seus ensinamentos como um corpo de doutrina a ser estudado de forma acadêmica e filosófica.

Interfaces com a psiquiatria

A Psicopatologia, para aqueles que não sabem, é uma das principais disciplinas na formação de um profissional da área de saúde mental, em especial dos psicólogos e psiquiatras. Por meio dela, pode-se estudar a mente de um ponto de vista fenomenológico. Isso significa, em breves palavras, tornar a mente e seus sintomas um foco de estudo objetivo, suspendendo-se o juízo do observador a respeito dos conteúdos a serem estudados. Alia-se também uma visão destituída de interesse em saber o porquê de tal fenômeno estar acontecendo daquela forma. Assim, assume-se uma postura chamada "fenomenológica", descritiva, sem se preocupar com as razões – bio-psico-socio-epirituais – de aquele fenômeno estar ocorrendo de uma ou de outra forma.

Assim, por exemplo, na psiquiatria, se um paciente diz estar "ouvindo vozes", a princípio, de uma perspectiva fenomenológica, não há uma preocupação de se investigar a causa desses fenômenos, e sim, avaliar, de um ponto de vista transcultural, se aqueles sintomas são passíveis de ser atribuíveis a alguma patologia psiquiátrica ou se podem ser enquadrados em algum aspecto cultural pertinente ao contexto daquele paciente.

De um ponto de vista da espiritualidade, muitos místicos e religiosos da igreja, por exemplo, foram considerados bruxos e bruxas por passarem por experiências como essas, e entre as linhas da loucura e do êxtase, muitos deles foram considerados hereges ou amaldiçoados – endemoniados – chegando ao extremo do sacrifício e da exclusão em nome da ignorância, médica ou espiritual, a respeito deste assunto.

Do ponto de vista fenomenológico, Karl Jaspers é um dos principais nomes da psicopatologia moderna, motivo pelo qual estamos citando-o nesse contexto de interface entre o estudo do Cristianismo, da Espiritualidade, da Psiquiatria e da Física Quântica.

Para Karl Jaspers, "a filosofia tem origem em 3 lugares distintos no mundo: China, Índia, Grécia".

Ainda se mostra pertinente um pronunciamento de Jaspers sobre a profícua corrente filosófica oriental, num processo que nos parece apontar para um salto de criatividade naquele povo: "Foi um tempo de uma densidade extraordinária. Na China viviam Confúcio e Lao-Tsé, e surgiram também todas as correntes da filosofia chinesa. Buda nascia, na Índia, surgiam as Upanishads, e se desenvolviam as mais diferentes escolas filosóficas, tais possíveis, tais como: na China o ceticismo, o materialismo, a sofistica e o niilismo... Tudo o que se relaciona com esses nomes se desenvolveu nesses poucos séculos, ao mesmo tempo, na China, na Índia e o ocidente, sem que houvesse conhecimento mútuo" (grifo nosso).

Tal processo de sincronicidade destacado por Karl Jaspers é também passível de ser estudado em vários processos em que a evolução humana parece dar um "salto quântico", ou quase quântico, para ser mais preciso, de qualidade e compreensão da vida ou de uma determinada ciência. O nascimento de vários músicos clássicos no momento do Renascimento, promovendo um novo *status* e a compreensão da Arte, ou mesmo o nascimento desse grupo de cientistas que, em poucas décadas, restabeleceu os principais fundamentos da Física, no século XX, são dignos de destaque como um fenômeno a ser investigado do ponto de vista de um sentido espiritualista e de um significado evolutivo para a Humanidade.

Neste livro iremos um pouco além da fenomenologia. Inicialmente, a minha postura foi fenomenológica ao estudar certos fenômenos que ocorriam com meus pacientes e ao longo da leitura de passagens do evangelho de Jesus. Porém, quando adentrei o universo da Física Quântica, me permiti, de um ponto de vista da filosofia da mente, perguntar-me, como hipótese, se a mente não poderia apresentar, como expus na apresentação desse livro, alguns comportamentos similares às partículas subatômicas na interação com outras mentes, um comportamento calcado em bases quânticas como pretendo expor ao longo dos próximos capítulos.

Interfaces com a física

Na Física, encontra-se Niels Bohr, um grande interessado em Cultura Oriental, buscando *insights* nessa fonte imensa de conhecimento sobre a natureza para as suas teorias na Física Quântica. Além dele, Albert Einstein apresenta uma vasta troca de cartas com Tagore, poeta indiano prêmio Nobel em Literatura, com comentários bastante intrigantes a respeito do papel do cientista e do artista na cultura.

Destaco um breve trecho dessa correspondência, a seguir:

> *"Todo esforço cultural, seja ele religioso ou científico, atinge o cerne da psique interior e tem como objetivo a libertação do Ego – não o Ego indivíduo sozinho, mas também o Ego massa da Humanidade».*

Na própria psiquiatria, Carl Gustav Jung chegou a ter contato com inúmeros símbolos do Oriente e, em toda a sua obra, encontramos referências a aspectos da Espiritualidade na identificação do homem com as mandalas e na sua função com a reestruturação psíquica e em suas leituras do Cristo como o Arquétipo do si mesmo. O envolvimento dele com o estudo do I-Ching e outros simbólicos fulcros da sabedoria milenar são patentes, além das próprias descrições em sua obra de suas experiências psíquicas.

Atualmente, veem-se obras fazerem grande sucesso abordando a interface entre a Espiritualidade e o Empreendedorismo, como uma aproximação de interesses de progresso no campo material e espiritual.

Nesse contexto, não são desconhecidos os casos de empresários e empresárias de grande sucesso que buscam instâncias de refazimento e meditação no Oriente e em outros recantos paradisíacos, no afã de se reabastecerem no campo psíquico e emocional. Quando não, em busca mesmo de uma nova forma de viver, quando amplamente exauridos e ressequidos se apresentam pela mera busca de destaque, sucesso e conforto material. Muitas vezes, a ida para o Oriente simboliza mesmo uma busca de orientação e ressignificação da vida, tantas vezes já bastante esvaziada de sentido e plena de adoecimentos em nível físico, emocional, social, familiar e também espiritual, apresentando mesmo o "ponto de mutação" na vida dessas pessoas.

Processos de transformação mais radical como esses também são comumente descritos e relatados naqueles indivíduos que passam pelas chamadas experiências de quase-morte (EQM).

Um das formas de se nomear tais processo de epifania e mudança de vida de pessoas comuns é a "*quantum change*" (Miller, 2011) ou "mudança quântica", no bom português.

A filosofia da mente e a visão de mundo cristã

Segundo alguns teóricos da Filosofia, o campo da filosofia da mente vem sendo considerado pelos seus estudiosos resumidamente, a partir das seguintes linhas de pensamento:

1) a dos **MONISTAS MATERIALISTAS**;
2) a dos **DUALISTAS ESPIRITUALISTAS**;
3) a dos **MONISTAS ESPIRITUALISTAS**.

Os **Monistas Materialistas** nutrem a visão segundo a qual o cérebro é que secreta a mente, e os pensamentos são mero reflexo da atividade cerebral. Sem essa atividade, pressupõem-se não haver atividade mental.

Há, ainda, um outro ramo que acredita haver Matéria e Espírito como substâncias do Universo e, consequentemente, tal modelo se repete na explicação do funcionamento da Mente. Dentre eles, estaria René Descartes, que dividiu o estudo da Natureza entre a *Res Extensa e Res Cogitans*, deixando à religião os assuntos da Alma e à Ciência, os assuntos do Corpo e do Universo Material. Ele causou grande impacto sobre a forma que a Ciência hoje atua e se pronuncia sobre temas chamados "não materiais", embora pessoalmente, tivesse fortes crenças teístas.

Como ele, outros filósofos podem ser chamados de **Dualistas Espiritualistas**, ou seja, acreditam que a mente e o cérebro sejam instâncias distintas, mas não conseguem explicar como elas interagem, já que são substâncias distintas. Ainda no grupo dos **Espiritualistas Dualistas** estariam de La Mettrie com a tese de um paralelismo entre o universo material e espiritual, postulando um não comprometimento dessa interação entre esses dois universos a despeito da hipótese de que seriam duas substâncias distintas, e a tese de Malebranche, sobre o Ocasionalismo. Para esse último, as pessoas e as circunstâncias na verdade são meras ocasiões para a manifestação de uma Força Divina, superior àquele contexto, e elas, então, seriam apenas "canais" para essa Manifestação Divina. Sem resolver o problema do dualismo, não deixam de ser hipóteses plausíveis.

Além das duas linhas já apresentadas surge uma terceira possibilidade: a do **Monismo Espiritualista ou Idealista**.

Segundo essa tese, "tudo é um", e dentro desta perspectiva teórica, tudo ocorreria, mesmo os fenômenos ditos "espirituais", dentro do modelo de uma causalidade única para todos os fenômenos do universo. Essa visão, a meu ver, se aproxima muito da visão de Paulo de Tarso, no evangelho, quando ele nos diz que "Nele nos movemos, vivemos e existimos" (Atos, 17:28-30), referindo-se à relação da criatura com o seu Criador. Essa visão idealista tem sido defendida por cientistas, religiosos e filósofos mais antigos quanto contemporâneos – como Berkeley e Ubaldi[1] – e

[1] Para uma breve introdução ao monismo, acesse: http://www.gilsonfreire.med.br/index.php/ubaldianos/breve-historia-do-monismo

também, mais recentemente o academicamente contestado e popularmente respeitado físico indiano Amit Goswami.

Cabe deixar claro que, antes de tudo, a meu ver, o estudo do Cristianismo se tornará impossível diante de uma visão meramente Monista e Materialista. É possível que a visão Espiritualista – quer Monista, quer Dualista – aproxime-se mais da possibilidade de entendimento do paradigma conceitual e vivencial dos ensinamentos cristãos, em relação à compreensão da realidade, da espiritualidade e da própria ciência em bases espirituais e quânticas.

Breve história de Jesus

Jesus, segundo as tradições cristãs e algumas fontes históricas, teria nascido há aproximadamente 2000 anos e morrido com pouco mais de 30 anos, inaugurando uma divisão na História entre os fenômenos que ocorreram antes e após a sua vida, façanha que nenhum outro homem conseguiu realizar – com tamanho impacto – ao longo de toda a História.

Atribui-se sua linhagem à origem judia, tendo sido filho de Maria e José. Ele nasceu em Belém e foi criado em Nazaré, onde passou toda a sua infância. Por volta dos 30 anos, após ter sido batizado, passou por um período de jejum e oração no deserto, a partir do qual iniciou o seu ministério de curas, pregações, profecias e peregrinações pela região em que vivia, anunciando a chegada do Reino de Deus para todas as nações.

Após a sua morte, institui-se uma religiosidade cristã, que se configurou na Igreja Católica Romana, mais tarde com ramificações modernas, como o protestantismo e suas subdivisões evangélicas e, ultimamente, o Espiritismo, compreendido como o cumprimento de sua promessa de um Consolador Prometido para a Humanidade.

Descrevemos, então, uma breve biografia do Homem Jesus, porém, de um ponto de vista espiritual, pouco se sabe a respeito de suas origens. Se formos buscar um embasamento bíblico, poderemos chegar a inúmeras hipóteses. Ele pode ser considerado como um avatar, o Filho de Deus, enviado para as nações, ou um espírito muito evoluído, segundo outras visões religiosas, etc. Não queremos nos estender nessas considerações. O leitor mais interessado poderá procurar recursos teóricos e conceituais que lhe ajudem a esclarecer, individualmente, quem é Jesus para cada uma dessas religiões nas fontes citadas nesse volume e nas várias correntes religiosas cristãs disponíveis. Porém, sugiro que você, leitor procure responder, sobretudo, quem é Jesus para você mesmo.

Neste livro, irei abordar o Cristo como um ser dotado de possibilidades mentais diferenciadas, mas passíveis de serem alcançadas pela humanidade em geral. Particularmente, o considero como o arquétipo fundamental das nossas possibilidades humanas, a grande síntese a que devemos aspirar como realização em nosso processo evolutivo, que julgo pertinente dizer, sob meu ponto de vista, não se realiza em apenas um ciclo de nascimento e morte.

Vários estudos científicos sobre a investigação de memórias atribuíveis a vidas passadas em crianças ajudam-nos a fortalecer essa hipótese interpretativa do fenômeno da vida, além dos conhecimentos de correntes religiosas orientais e ocidentais, como o Budismo, Hinduísmo e o Espiritismo. Cerca de 25% da população mundial tem crenças reencarnacionistas, embora suas variações conceituais. Por tudo isso, esse é um modelo de compreensão da vida que, pelo seu impacto na formação de crenças e valores da humanidade deve ser, no mínimo, respeitado.

Dando seguimento às nossas reflexões, poderíamos elencar várias passagens do evangelho de Jesus para serem estudadas sob diferentes pontos de vista.

Segundo o físico Ramayana Gazinnelli (UFMG, 2012), um "modelo" pode ser compreendido como uma "descrição do mundo físico, ou parte dele, por meio de um conjunto de regras ou leis, geralmente de natureza matemática, que ligam os objetos do modelo às observações". Ou seja, na perspectiva da física, o modelo se fortalece quando se consegue estabelecer padrões, por meio de demonstrações que podem ser matemáticas ou não, que permitam ligar a hipótese aos exemplos observados.

Assim, nessa obra, não nos valeremos de demonstrações matemáticas, pois isso cabe aos físicos e matemáticos. Fica, inclusive, um convite aos cientistas que consideram a alma como uma variável passível de investigação, o convite a criarem modelos que possam tornar essas hipóteses sobre os fenômenos da consciência refutáveis ou comprováveis. Ao longo do texto, iremos citar, de antemão, alguns experimentos que apontam para essas realidades, inclusive.

Por tudo isso, iremos usar as lentes da filosofia da mente – e não da linguagem matemática – e nos perguntar, sob uma ótica espiritualista, o seguinte: seriam algumas passagens do evangelho de Jesus, de um ponto de vista filosófico, passíveis de serem compreendidas à luz de alguns dos conceitos da Física Quântica? Observem que essa não é uma afirmação categórica, e sim, uma pergunta. A enriquecer as reflexões, nos próximos capítulos, estaremos trazendo também experiências pessoais que tivemos em nosso dia a dia profissional que possam nos ajudar a compreender melhor a pertinência ou não de tais proposições.

CAPÍTULO 2

Entre a física quântica, a psiquiatria e a espiritualidade: alguma correlação?

"O sábio e o psicótico estão no mesmo oceano.
Mas enquanto o sábio nada, o psicótico se afoga".
Ronald Laing (Psiquiatra inglês)

Introdução

Segundo dados da Organização Mundial de Saúde, OMS, os transtornos mentais são a segunda causa de incapacidade funcional no mundo. No Brasil, ainda de acordo com a OMS, estima-se que, em 2020, tais transtornos estejam na primeira colocação entre as causas de incapacidade funcional. Além disso, estima-se que aproximadamente 10% da população mundial seja portadora de algum deles, em taxas que varia entre 20 e 50%, dependendo da população e do transtorno mental estudado.

Até o final do século XX, as organizações de saúde em geral não davam a devida atenção aos transtornos mentais por observarem que as taxas de mortalidade, devido a esses transtornos na população, eram muito baixas. A partir da década de 90 do século passado, porém, estudiosos de Harvard, em colaboração com outros pesquisadores, conseguiram demonstrar que, embora as baixas taxas de mortalidade, os anos perdidos devido à incapacitação causada pelo transtorno mental em vida, associados à mortalidade precoce dos portadores de algum transtorno mental, tornava a questão da doença mental e da saúde mental uma prioridade, do ponto de vista da política mundial de saúde.

Isso coloca a Psiquiatria, enquanto área da medicina voltada para a prevenção, diagnóstico, tratamento e reabilitação dos transtornos mentais, como uma das especialidades médicas de maior importância do ponto de vista de estratégias de saúde individual e coletiva para o milênio que agora se inicia.

Além disso, estudos na área da Psicologia e da Psiquiatria Positiva estão sendo cada vez mais valorizados, na medida em que estão interessados em investigar as condições não das manifestações patológicas, mas sim das condições de felicidade, bem-estar e alta performance humana. E esse livro, embora também dialogue com os aspectos da psicopatologia, está muito mais voltado às manifestações saudáveis e aos potenciais ainda adormecidos da psique humana do que ao seu adoecimento.

O que é a psiquiatria? E o que são os transtornos mentais?

A Psiquiatria, como já comecei a explicar, é uma especialidade médica reconhecida em vários países do mundo, voltada para a prevenção, diagnóstico, tratamento e reabilitação das pessoas portadoras de algum transtorno mental.

Do ponto de vista da Classificação Internacional de Doenças (CID-10), um transtorno mental pode ser considerado como "uma doença com manifestação psicológica associada a algum comprometimento funcional resultante de disfunção biológica, social, psicológica, genética, física ou química".

Esses transtornos mentais podem ainda ser classificados como as "alterações do modo de pensar e/ou do humor associadas a uma angústia expressiva, produzindo prejuízos no desempenho global da pessoa no âmbito pessoal, social, ocupacional e familiar".

Neste sentido, se observa que o transtorno mental pode ser causado por uma disfunção em qualquer área biológica, social, psíquica, genética, física ou química, e pode gerar prejuízos na funcionalidade de um indivíduo nos aspectos pessoal, social, trabalhista ou familiar.

Assim, inúmeras combinações de fatores podem causar uma multiplicidade de comprometimentos, do ponto de vista comportamental e mental.

Das causas múltiplas e das consequências complexas

Pode-se ter uma alteração social que cause um prejuízo ocupacional, como um divórcio que resulte em alterações de comportamento que, por sua vez, culminem com a perda de emprego por parte de um dos conjugues, se/quando aquele reagiu de forma depressiva ao evento e começou a faltar ao trabalho, de forma recorrente, sem procurar a tempo a ajuda psiquiátrica.

Por outro lado, pode-se ter um quadro em que a pessoa bateu com a cabeça enquanto estava alcoolizada – uma causa física decorrente de um abuso químico – e aquilo gerou um hematoma cerebral com sequelas comportamentais, fazendo com que ela esquecesse do seu passado e tivesse uma perda de memória para fatos mais antigos.

Ainda, podemos observar contextos em que um grupo de pessoas ficou preso num elevador – um evento social – por um grupo de terroristas, por exemplo, sendo que algumas das pessoas possam ter desenvolvido uma disfunção psicológica atrelada a medos relacionados a ambientes fechados, delineando fobias e transtornos chamados de "estresse pós-traumático".

Em meu dia a dia, diante de um trauma como esse, vejo pessoas que diante de um fator estressante passam a acreditar que são o próprio Jesus-Cristo, iniciando processos delirantes, enquanto outras, diante do mesmo fator, manifestam sintomas de ansiedade, taquicardia e medo.

No primeiro exemplo, observa-se um contexto que envolve variáveis difíceis de serem mensuráveis do ponto de vista objetivo, mas cujas consequências são palpáveis de um prisma social e financeiro.

No segundo exemplo, há uma situação fisicamente palpável, objetiva – um trauma mecânico – que gerou uma alteração na história individual do indivíduo, ou pelo menos na forma com que ele se relaciona com ela.

Já no terceiro exemplo, deparamo-nos com um contexto em que indivíduos lesam outros indivíduos de uma maneira não palpável, emocionalmente, e que causam sequelas também não palpáveis, do ponto de vista físico, mas com nítidas influências sobre o comportamento futuro de algumas daquelas pessoas que viveram aquela experiência tão traumática.

Vulnerabilidade, fatores de risco e proteção: resiliência e idiossincrasia

Fica claro, com os exemplos mencionados, que ocorre uma superposição de causas, com destaque para uma ou outra citada, em cada uma das situações, mas não se pode dizer ao certo em que medida uma ou outra foi mais ou menos preponderante quando se avalia a situação como um todo.

De toda forma, não são todas as pessoas que batem a cabeça e que perdem a memória, nem todas que sofrem um ataque terrorista e desenvolvem um quadro de estresse pós-traumático exuberante, e nem, muito menos, todas as pessoas que se separam e que ficam deprimidas e perdem o emprego.

Isso nos remete ao conceito de idiossincrasia e de resiliência.

A idiossincrasia representa a individualidade de cada pessoa, ou seja, as características peculiares a cada um, que fazem com que alguém, por exemplo, tenha alergia a camarão, tenha uma reação alérgica a um determinado medicamento a que outros não tenham; que reaja melhor – ou não – a um trauma físico ou psicológico, de acordo com sua história, sua genética, seu contexto familiar, sua formação profissional, etc.

Por sua vez, a resiliência remete à capacidade do indivíduo de passar por uma determinada experiência deformadora, do ponto de vista emocional ou psíquico, e reassumir a sua constituição anterior. O exemplo de uma mola pode ser uma imagem utilizada para se explicar a ideia que, aliás, partiu desse conceito. Uma mola é tão mais resiliente quanto maior for a sua capacidade de sofrer deformações e conseguir retornar à sua condição inicial após ter sofrido determinado estímulo sem prejudicar a sua funcionalidade. Nesse sentido, o cérebro e a mente de uma pessoa mais resiliente seria como uma mola mais capaz de se reconstituir após os processos de compressão e expansão que a vida biopsicossocial e espiritualmente impôs a esse indivíduo. (Figura 1)

Figura 1 – A mola e a resiliência

Aqueles menos resilientes acabam sofrendo diante de estímulos variados, de processos que culminam com prejuízos que se manifestam por comprometimentos mais ou menos parciais, alterando a sua capacidade de adaptação frente às exigências – maiores ou menores – de acordo com o contexto da sociedade e da cultura em que estejam inseridos.

Hoje, estudos na área de psiquiatria preventiva estão muito voltados para uma melhor compreensão das relações entre os fatores que geram cada transtorno mental, o que pode ser um fator de proteção, um fator de risco ou uma vulnerabilidade para cada um deles. Além disso, estudos na área de psicologia positiva têm estudado as forças e virtudes pessoais do ser humano, visando fortalecer as pessoas em aspectos positivos do seu desenvolvimento, ajudando-as a florescer, manifestando o seu melhor potencial e a fortalecer sua própria resiliência.

Uma sugestão de filme que expressa bem esses aspectos da resiliência é a película mineira, **O Contador de Histórias**, filme sobre a vida de Roberto Carlos. Nela, um jovem é deixado em um orfanato pela mãe, alimentada pela esperança de que lá ele poderia ter mais chances de sobreviver, diante do contexto de pobreza e dos inúmeros outros irmãos que ele já possuía. O sucesso alcançado por ele na vida se deu, em parte, pela sua resiliência, e, em parte, pela ajuda definitiva que recebeu de uma pesquisadora estrangeira, que resolveu adotá-lo.

Ainda, considerando a questão dos fatores de risco, no caso da dependência química, estudos mostram que pessoas com quadros de obesidade, histórico de uso de drogas na gravidez pela genitora, que sofrem insultos sociais precoces, que seja anestesista, que tenha passado de TDAH – ou Transtorno de Déficit de Atenção e hiperatividade –, histórico de gastrectomia, ou seja, a retirada parcial ou total do estômago, e a impulsividade têm maior risco de desenvolver um quadro de adição por alguma substância química do que outros que não estejam enquadrados dentro de algum desses perfis citados ou que não tenham se submetido a alguns dos estímulos relatados.

Desta forma, compreende-se que o aspecto físico é apenas um dos pontos de interface com a psiquiatria, pois há também os químicos, os genéticos, os biológicos, os sociais, entre outros.

Entre a física e a medicina

No diálogo entre a Física e a Medicina, nosso estudo pode se iniciar a partir de um paralelo estabelecido entre a Física e a Prevenção às doenças; a Física e o Diagnóstico; a Física e o Tratamento; e a Física e a Reabilitação das doenças.

No aspecto preventivo, uma medida de prevenção à queda do idoso seria o uso de recursos físicos, mecânicos, tais como os andadores, as bengalas ou os corrimãos nos locais públicos. De um ponto de vista térmico, o uso das incubadoras para recém-nascidos prematuros é uma forma de garantir calor ao rebento, a fim de lhe auxiliar na conservação da energia para a realização de seus processos metabólicos.

De um ponto de vista diagnóstico, vários aparelhos que hoje são utilizados na Medicina têm base em premissas físicas, as quais vão desde o uso das máquinas de raios X e de ultrassom até as máquinas mais modernas de termografia e espectroscopia.

No aspecto terapêutico, os recursos de imobilização com gesso e talas na ortopedia, visando o restabelecimento do tecido ósseo em configuração da forma mais harmônica possível para a preservação da funcionalidade, e o bombardeamento dos tecidos pela radioterapia no tratamento às instâncias cancerosas do organismo, são exemplos dessa interface.

No aspecto da reabilitação, as leis da Física podem ser utilizadas, por exemplo, em benefício do homem, por meio dos recursos mecânicos da atividade física, da Fisioterapia, dentre outros.

Do ponto de vista psiquiátrico, a Física Clássica, como já exposto, traz as suas colaborações em cada uma das etapas da prática médica, por meio do uso de aparelhos e recursos que vão desde o diagnóstico e a prevenção até o tratamento e a reabilitação, tais como o uso dos tomógrafos, os aparelhos de Estimulação Elétrica Transcraniana e Ressonância Magnética e as máquinas que promovem a prática da Eletroconvulsoterapia. Nesse sentido, existem aparelhos que funcionam baseados na lógica da Física Clássica.

Entretanto, também há recursos muito utilizados pela Medicina que são baseados em uma lógica quântica. Dentre os objetos, aparelhos e recursos que foram construídos e são utilizados a partir de um paradigma quântico estão: o raio laser, as lâmpadas fluorescentes, o próprio aparelho de ressonância magnética, dentre outros.

Mas qual a diferença entre a física clássica e a física quântica?

Aqui está a principal questão que motivou a escrita desta obra e que se propõe a correlacionar algumas de minhas experiências pessoais e profissionais, do ponto de vista médico, e algumas passagens do evangelho de Jesus com os conceitos da Física Quântica.

Acredito que a diferenciação e a conceituação do que seja a Física Quântica ajudará o leitor a empreender uma viagem na direção do microcosmo, ao mundo das subpartículas atômicas e de seu comportamento e promover *insights*, ou seja, descobertas de processos mentais individuais e coletivos até então não explicados pela Medicina, tradicionalmente embasada no paradigma da Física Clássica, ou seja, na Física do Macrocosmo.

Essa Física Newtoniana, clássica, do macrocosmo, voltada para a explicação dos fenômenos palpáveis, "*grosso modo*", está mais correlacionada ao uso de nossos sentidos básicos, como a audição, o olfato, a visão, e também ao estudo do movimento e do aquecimento dos corpos físicos, até a translação dos planetas e o resfriamento dos corpos celestes.

Mas antes de convidar os leitores à imersão no mundo da Física Quântica, preciso dizer que, na Física em geral, existe um interesse por grande parte de seus cientistas em buscar a unificação das fórmulas e dos conceitos, ou seja, algo que possa integrar os seus diferentes campos de estudo e que pode ser dividido didaticamente entre a Ótica, o Eletromagnetismo, a Termodinâmica e a Mecânica. De certa forma, portanto, uma busca monista.

Durante muito tempo, esses 4 campos foram considerados isolados, mas cientistas que fizeram o seu nome na História, não por acaso, o fizeram porque conseguiram explicar e/ou demonstrar, por meios matemáticos e experimentais, a possibilidade de integração de uma ou mais dessas grandes áreas.

Em busca do um

Historicamente, a busca pelas leis fundamentais que regem o Universo ou a busca do pensamento Divino por meio da ciência, ou ainda, das leis físicas que regem o Cosmos, sempre esteve presente entre os esforços dos mais eminentes físicos que já viveram entre nós, seres humanos. Como um dia comentou Voltaire, filósofo do século XVII-XVIII: "*O universo embaraça-me e não posso acreditar que esse relógio exista e não tenha um relojoeiro."*

Assim, a chamada Física Quântica foi um movimento que surgiu no começo do século XX com o esforço de inúmeros físicos dedicados ao estudo dos fenômenos subatômicos, na medida em que as leis do mundo macrocósmico, até então situada entre os 4 campos da Física anteriormente citados, não se mostravam pertinentes à previsão dos fenômenos das partículas subatômicas. Mas, como já afirmado nesse texto, por parte dos físicos havia ao mesmo tempo um interesse em alcançar equações que unificassem todas essas áreas.

Dentre as 4 áreas da Física Clássica criou-se, por meio da descoberta das leis Mecânica, a possibilidade de explicar o movimento e o comportamento dos corpos celestes, tendo sido, inclusive, a órbita do planeta Netuno prevista por cálculos antes de sua descoberta oficial.

A Termodinâmica, por sua vez, encontra-se voltada para a explicação dos fenômenos térmicos, tais como o Calor, a Temperatura, a Transformação de Calor em Trabalho Mecânico, etc. Estaria, ainda, atrelada a esse campo a busca pela conceituação de termos como Pressão, Calor, etc. Já o Eletromagnetismo estaria voltado para o estudo de fenômenos elétricos e magnéticos como um todo.

Por fim, a Ótica estaria voltada à contemplação e à busca por explicação para fenômenos como: a natureza das cores, os eclipses, os fenômenos de difração, refração, interferência e suas aplicações.

Não é cabível, neste contexto, aprofundar mais as definições de cada um destes ramos. Acredito que este mapeamento inicial será suficiente para as analogias que irei propor, nos próximos capítulos, entre o Cérebro e a Física.

Basta dizer, por enquanto, que através das Equações de Maxwell, o Eletromagnetismo se constituiu um campo único de estudos. E a Mecânica, por sua vez, teria conseguido se unir à Termodinâmica, criando um novo ramo de conhecimento chamado de Mecânica Estatística.

Os físicos buscavam uma equação que unificasse esses dois últimos universos e ainda ficavam questões sem resolução por parte dos pesquisadores. Dentre essas questões poderíamos citar a Radiação de Corpo Negro e o Efeito Fotoelétrico, problemas que foram resolvidos pela Mecânica Quântica; e outros problemas que mais tarde foram resolvidos pela Teoria da Relatividade de Einstein.

Assim, quando as leis de Newton eram aplicadas a fenômenos subatômicos, os processos práticos não se coadunavam com as hipóteses teóricas. As Leis do mundo físico macroscópico não pareciam se aplicar de forma fiel ao comportamento das partículas no mundo subatômico.

E assim surgiu a física quântica: o quantum e o quanta

É neste contexto, então, que vai surgir a Mecânica Quântica, vulgarizada como "Física Quântica", ou seja, um ramo da Física voltado para o estudo do universo subatômico e suas manifestações.

Nesse sentido, um experimento realizado pelo físico Max Planck (Gazinelli, 2012) é que deu origem ao termo "Quanta", cujo singular é "Quantum". Quantum seria um "termo empregado para designar uma quantidade, uma quantia indeterminada", ou ainda, "cada uma das partículas elementares em que, segundo Max Planck, são subdivididas muitas formas de energia consideradas tradicionalmente quantidades contínuas".

Com seu experimento, Planck (Gazinelli, 2012) demonstrou que a energia se organizava por pacotes e não era, como se pensava, uma manifestação contínua, quebrando inúmeros paradigmas da ciência em sua época. É desse experimento que surgiu a ideia de que a energia é quantizada, ou seja, a energia se organiza em pacotes, de forma descontínua. E isso gerou a discussão em torno da natureza atômica particular ou energética da matéria.

Além disso, outros experimentos e conceitos foram realizados calcados nessa nova realidade, sobretudo no estudo dos fenômenos do mundo subatômico, e as consequências dessas iniciativas representaram verdadeiras revoluções no pensamento científico com repercussões até os dias de hoje.

No século XXI, as principais frentes de investigação científica calcadas nesse paradigma estão nas áreas da Cosmologia, da Genética e em estudos avançados sobre a Mente. (Gazinelli, 2012)

Ao longo desse livro, abordarei alguns desses conceitos quânticos, citando em rápidas linhas os experimentos que deram origem a ela, sobretudo com suas repercussões sobre o estudo da mente humana, deixando para outra oportunidade as reflexões cosmológicas e genéticas na interface da Saúde com a Espiritualidade e com a Física Quântica.

Ao darmos destaque para a interface entre a Mente/Cérebro, a Espiritualidade e a Física Quântica, o interesse estará voltado para um ponto de vista filosófico, a partir do qual iremos estabelecer algumas reflexões sobre o Estudo da Mente e a partir de quais paradigmas as reflexões propostas nessa obra se tornam aceitáveis, com respeito à racionalidade filosófica e científica.

E o que os psiquiatras pensam sobre a relação mente-cérebro?

Vários estigmas estão associados à imagem dos psiquiatras.

Inicialmente, na História, ninguém gostava de procurá-los, com medo de serem considerados (as) loucos (as). Vistos às vezes como excêntricos, ou mesmo como bruxos, os psiquiatras ainda foram vistos com desprezo entre os médicos mais organicistas por cuidarem dos aspectos mais sutis da mente e do comportamento humano e por não darem uma ênfase muito grande aos aspectos ditos "corporais" do organismo.

Alguns leigos acreditam que o psiquiatra "só quer saber de medicar", outros, que "são muito aéreos" e falam de coisas "muito difíceis de entender". Dizem que "de médico e louco todo mundo tem um pouco" e que, nesse caso, o psiquiatra acabaria por ter um pouquinho mais de cada um!

Um estudo recente liderado por uma psiquiatra brasileira, demonstrou que entre as principais causas que impedem as pessoas de procurarem ajuda médica psiquiátrica está o autopreconceito, alicerçado em crenças como as de que: o tratamento não funciona, que buscar tratamento é coisa de fracos, que é possível melhorar sem ajuda do tratamento e medo do que os outros podem pensar (Laura Andrade et al, 2014).

Além disso, vejo uma fila de pessoas muito religiosas também, na minha clínica diária, com dificuldade em buscar o auxílio médico quando estão passando por algum sofrimento de ordem mental, imbuídas da crença de que apenas a sua religiosidade e ou espiritualidade são suficientes para o enfrentamento de sua doença. O que nem sempre é verdade.

Mas, brincadeiras à parte, o que de fato pensariam os psiquiatras sobre esta relação entre o cérebro e a mente? Um pesquisador brasileiro, Alexander Moreira-Almeida, e também psiquiatra, resolveu fazer uma enquete sobre esse tema.

Recentemente, Alexander conduziu um estudo (Alexander Moreira, 2014) investigando a opinião de psiquiatras brasileiros antes e após um debate sobre a relação entre mente-cérebro em um congresso de Psiquiatria. Os resultados mostraram que: "inicialmente, dentre os mais de 600 participantes, 53% endossaram a visão de que a mente (o 'Eu') é um produto da atividade cerebral", enquanto 47% discordaram. Além disso, 72% contestaram a visão afirmativa de que "o universo é composto apenas de matéria". Após o debate, 30% mudaram de uma visão materialista da mente para uma perspectiva não materialista, enquanto 17% mudaram na direção oposta.

A conclusão que esse pesquisador chegou ao final desse estudo foi de que: "os psiquiatras que se interessam por debates sobre a Relação Mente-Cérebro não possuem uma visão monolítica sobre o tema e suas opiniões estão abertas a reflexões e mudanças" e sugeriram a necessidade de "mais estudos em profundidade e de debates rigorosos, mas não dogmáticos sobre o tema".

Ao contrário da crença de alguns de que os psiquiatras seriam fechados a reflexões filosóficas sobre o seu próprio campo, isso demonstra que há, na verdade, uma abertura nesse sentido e isso, a meu ver, já é um benefício imediato para todos os pacientes que precisem buscar apoio junto a essa classe, na medida em que se percebe uma abertura, por parte desses profissionais médicos, para lidar com conflitos que envolvem a doença mental e a dialética da questão mente-cérebro nas interfaces com a saúde e com a espiritualidade.

Além disso, estudos na interface entre saúde mental e religiosidade e espiritualidade trazem alguns dados muito interessantes. Em geral, a maior parte dos pacientes gostaria que a sua religiosidade e espiritualidade fosse abordada; existe uma correlação geralmente positiva entre religiosidade e saúde mental (com impacto sobre mortalidade, consumo de álcool e outras drogas, suicídio, bem estar, qualidade de vida, dentre outros); estudos mostram que parcela considerável dos profissionais de saúde mental valoriza a questão da espiritualidade, embora essa valorização não se reflita na abordagem desses aspectos na prática clínica. Muitos, por exemplo, não se consideram preparados (por falta de treinamento, inclusive), outros tem medo de transpor barreiras éticas ou alegam falta de tempo. Obras como essa visam aproximar essas duas áreas da ciência e da espiritualidade, fomentando o debate e a reflexão em torno dessa lacuna.

Considerações últimas: em busca de uma psiquiatria quântica

Neste sentido, para se propor um estudo da Psiquiatria com o contexto do funcionamento mental (fisiológico e não apenas patológico) de um ponto de vista quântico, é preciso deixar claro essas premissas.

Estou levantando a hipótese, junto com inúmeros outros pesquisadores e clínicos dessa área, de que o par cérebro/mente não esteja bem colocado em bases meramente materialistas, baseado nas evidências e contestações filosóficas que desde já estão sendo feitas com essa obra.

Além disso, do ponto de vista de promoção de saúde, espiritualidade e paz para o terceiro milênio, acredito que as práticas em saúde mental estarão cada vez menos voltadas apenas para o adoecimento, mas também para o desenvolvimento do cérebro/mente em todas as suas potencialidades, nos mais variados níveis e possibilidades, segundo as condições que a nossa imaginação seja capaz de alcançar e que as evidências sejam capazes de sustentar. Tais linhas de ação têm sido encaixadas nas perspectivas da Psiquiatria. Transcultural, Psiquiatria Transpessoal, Psiquiatria Integrativa e da Psiquiatria Positiva.

Ao longo dos próximos capítulos, serão expostos, nesse sentido, conceitos, teorias e relatos de experiências em que esse aspecto quântico da psiquiatria parece ficar claro, a pedir mais atenção de pesquisadores e clínicos para essa possibilidade de interpretação dos fenômenos do par cérebro/mente e as vastas repercussões dessa visão sistêmica sobre a saúde e o adoecer do Homem no milênio que se inicia.

Há um psiquiatra inglês, Ronald Laing, o qual citamos na epígrafe deste capítulo, que diz: "o sábio e o psicótico estão no mesmo oceano. Mas enquanto o sábio nada, o psicótico se afoga".

Com esta obra, não estou aqui propondo o banimento da Neurociência nem o abandono das contribuições importantes da Psicologia, seja pelas correntes da Psicanálise, do Humanismo ou do Behaviorismo, da Neuroquímica, da Eletrofisiologia, da Genética Comportamental, etc. Todos são campos imprescindíveis à construção integral de um saber a respeito desse tema. Não irei abrir mão disso ao longo da obra.

Porém, a minha disposição é refletir até que ponto, sim, a fragilidade do Ego pode tornar o indivíduo susceptível às vivências de invasão psicótica, a partir de um arranjo egoico que se mostre excessivamente permeável ao mundo, expondo-o, por exemplo, a fenômenos de dissociação, fragmentação e delírio numa perspectiva também espiritualista.

Nesse sentido, a Psiquiatria Quântica parece surgir entrelaçada ao ramo da Psicologia Transpessoal, considerada por muitos como a 4ª força da Psicologia.

Assim, o que não se quer é menosprezar as possibilidades potenciais de manifestação do cérebro, como órgão que pode ter a capacidade de se abrir de forma equilibrada e construtiva para os canais da intuição e da criatividade, numa perspectiva quântica, não linear, holística e sistêmica, sendo esse o foco principal e o objetivo último dessa nossa investigação, materializada por meio das páginas deste livro.

CAPÍTULO 3

A Psiquiatria, a Espiritualidade e o Princípio da Incerteza: considerações sobre o par "mente/cérebro"

"Deus não joga dados com o Universo".
(Albert Einstein, Físico)

Introdução

Neste e no próximo capítulo será proposta uma reflexão acerca do cérebro e a Física, tanto a Newtoniana, voltada para o estudo dos fenômenos do macrocosmo, quanto à Moderna, voltada para o estudo dos fenômenos do microcosmo.

Do ponto de vista da Física Clássica, serão abordados aspectos do cérebro e sua interface com a Mecânica e a Termodinâmica, a Ótica e o Eletromagnetismo. E deixaremos para a mente a possibilidade de apresentar possibilidades quânticas em suas manifestações.

No capítulo seguinte, dando continuidade às ideias desse, serão trazidos exemplos, do ponto de vista da Espiritualidade, que possam ilustrar alguns conceitos expostos, usando algumas passagens do Evangelho de Jesus para tal mister.

Um pequeno testemunho

Durante meu percurso acadêmico, entremeei minha formação médica com experiências de forte cunho espiritual. Como membro do movimento espírita e médico na Universidade, participei durante o período que antecedeu minha formatura e aprendi muito com os eventos que organizei e dos quais participei e sou muitíssimo grato!

Ao mesmo tempo, de toda forma, percebia que, se de um lado na religião, havia os excessos de crendices e comportamentos excessivamente abertos ao novo e às possibilidades da intuição, verificávamos o oposto na academia científica, ou seja, nos ambientes universitários havia uma forte tendência à descrença e à negação sistemática.

Nesse último, era possível notar uma predisposição muito grande para a crença apenas nas propostas lógicas, com argumentos muito bem embasados a respeito de temas materiais, mas com o viés da premissa da descrença quanto à mera possibilidade de se incluir o Espírito e suas manifestações como variáveis plausíveis nesses contextos.

Com este livro, não há, de minha parte, nenhuma pretensão de fazer um tratado científico, que desestimularia os leitores menos assíduos e leigos. Porém, não quero tratar desse assunto de forma leviana, ou seja, hoje não me sinto à vontade em colocar o assunto da Física Quântica e também da Espiritualidade numa caixa de Pandora de onde possa sair e onde estaria guardada toda a expectativa de Redenção da própria Humanidade. O próprio Hipócrates já alertou, dentre os seus aforismos, a evitar a chamada "medicina dos milagres".

Deixando as coisas mais claras

Estudando muito o assunto da Física Quântica e suas interfaces com a Medicina, descobri, entre a teoria e a prática, e nos caminhos pelos quais andei, nas mais diversificadas formações frequentadas, o seguinte: existe, de fato, a possibilidade de filosoficamente se criar a hipótese quântica para os fenômenos da consciência.

Mas, para isso, é imprescindível esclarecer algumas premissas.

Não ficarei aqui preso a demonstrações matemáticas, como já disse em capítulos anteriores. Isso cabe aos matemáticos e físicos. Ao final desse volume, inclusive, no tópico

Referências Bibliográficas, há recomendações de obras que clarearão de forma bem didática, resumida e simplificada, os principais conceitos citados no livro.

Cabe, aqui, o papel de demonstrar, por meio de exemplos práticos, a possibilidade de os conceitos aplicados às micropartículas poderem, como hipótese científica, também serem aplicados a alguns – e friso alguns – e não todos os fenômenos da consciência humana, e quiçá, também das inteligências do mundo animal.

Eu li obras de Física Quântica escritas por físicos e algumas obras escritas por médicos e outros pesquisadores.

Como médico, em parte, me senti bem atendido por ambos. Porém, numa perspectiva de gerar informação não só para profissionais e para outros terapeutas da área da Saúde, mas também para o público leigo, optei por escrever esse texto, entrelaçando Espiritualidade e Física Quântica numa perspectiva médica, mas que se propusesse a falar de cada princípio quântico da forma mais simples possível.

Muitos dizem que falar de Física Quântica de forma inteligível é impossível, e outros poderão me criticar por, não sendo físico, falar de um assunto para o qual não tenho a devida formação universitária.

De fato, não tenho a formação como físico, mas talvez eu tenha um olhar de curiosidade e de estupefação, olhar de um profissional que lida todos os dias com a mente humana e que, do ponto de vista técnico, teórico e prático, não pode deixar de especular sobre o funcionamento da mente/cérebro e suas possibilidades, tanto do ponto de vista saudável quanto do ponto de vista patológico.

A Filosofia da Mente é naturalmente uma área que, do ponto de vista interdisciplinar, dialoga diretamente com a Psiquiatria. E o leitor, ao final dessas páginas, poderá me dizer se esse pequeno compêndio terá sido suficiente como uma abordagem introdutória ao que estou chamando de uma "Psiquiatria Quântica" sem mistificações, embora aberta a uma análise ponderada sobre os aspectos místicos da existência.

Fenômeno quântico ou fenômeno espiritual?

Assim, apesar de saber a importância dos altos níveis da comunicação erudita, suspeito que esses poucos parágrafos possam trazer uma compreensão mais simples a alguns fenômenos que fazem parte da vida de todas as pessoas e que, de forma mais ou menos acertada, temos a tendência de catalogar como fenômenos paranormais ou espirituais.

Acredito que possa mesmo haver inúmeros fenômenos que estejam além desse universo, que ora acreditamos conhecer e delimitar, mas, por outro lado, suspeito que haja fenômenos que tenham uma base meramente física. Entretanto, não uma base física newtoniana, mas, sim, quântica.

Dos cérebros da física à física do cérebro

Na escola, desde muito cedo, ao estudarmos as noções básicas de Biologia, aprendemos que o organismo humano é feito de aproximadamente 70 a 80% de água, dependendo da faixa etária. Em idosos, há menos porcentagem de água, e nos recém-nascidos, maior proporção do elemento hídrico.

Ao estudar Física, compreendemos que há mais espaço "vazio" entre as partículas subatômicas do que espaço preenchido por matéria. Proporcionalmente, se concentrassem toda a matéria do corpo humano no centro de um estádio de futebol, essa porção chamada material ocuparia o espaço equivalente a uma bola de futebol e o espaço chamado "vazio" equivaleria a toda a extensão restante que seria do centro do campo – não ocupada pela bola – até chegar às fronteiras do estádio, ao final das arquibancadas.

Juntando essas duas informações, a situação ainda fica mais intrigante, pois veríamos o corpo ocupando, simbolicamente, um espaço comparável a um estádio de futebol, e a porção material – a bola de futebol – preenchida de aproximadamente 70% de água.

E o resto, o que seria? Os outros 30% dessa bola de futebol – que seria a parte material e não aquosa da constituição corporal – seriam os carboidratos, aminoácidos, gorduras, e vitaminas e outros elementos que, em tese, seriam responsáveis por gerar toda a organização bioquímica, anatômica, fisiológica e reprodutiva desse organismo, a partir dos genes.

Um pouco de embriologia e evolução: de onde vem mesmo o cérebro?

Partindo desta linha de raciocínio, nota-se que toda a organização do corpo, de um ponto de vista prático, surge a partir de 30% de elementos não hídricos que se estabelecem sobre 70% de um elemento hídrico, o qual lhe serve de base e substrato para as reações que aí ocorrem e que conseguem ainda se arranjar num espaço equivalente a uma bola de futebol. Essas informações seriam responsáveis pela organização de todo o resto do campo, não palpável, não visível, mas também conectada a esse princípio organizador – que seria o resto do estádio.

A organização desse campo todo de informação alguns atribuem ao DNA, de um ponto de vista exclusivamente materialista. E outros a algo mais transcendente, como um princípio espiritual em que estaria o molde de organização dessa matéria.

Para que o leitor visualize isso de forma mais clara, é como se estivéssemos diante de um pequeno ímã que organiza um grande campo de limalhas de ferro, porém sem poder ver as linhas que organizam essas limalhas, já que elas são forças não perceptíveis pelos sentidos tradicionais. (Figuras 2 e 3)

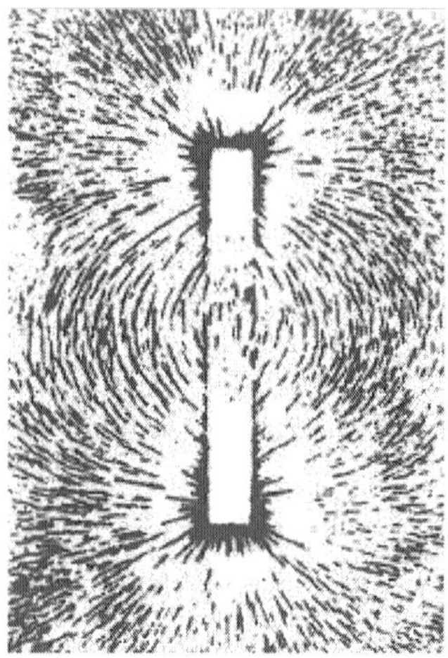

Figura 2 – Campo formado por limalhas de ferro e organizado por um ímã

Figura 3 – Proporção de matéria em relação ao espaço "vazio" num átomo

Alguns podem dizer que Deus já fez isso tudo pronto. Outros acreditam que a evolução, o acaso e a necessidade geraram essa realidade de vida e organização. Outros, ainda conseguem conciliar a visão do Criacionismo Divino com a Evolução, dizendo que existe uma ordem no Caos e que há um propósito evolucionista na Criação.

Nesse sentido, a Evolução Biológica seria mais um desdobramento de uma lei maior – A Lei de Evolução – dentre inúmeras outras leis que regem o Cosmos e os sistemas vivos.

As consequências dessa discussão para o campo das pesquisas e afirmações doutrinais na área da Saúde é inquestionável e de amplas proporções e se aproxima dos aspectos Cosmológico e Genético na interface com a Física Quântica. Isso porque os estudos sobre Genética, Cosmologia e a Mente Humana podem se alinhar em torno de um único eixo, qual seja, o de que a vida tem uma ordem implícita e um sentido profundo, atrelados a uma finalidade maior. Tal visão encontra-se bem respaldada na teoria do *design* inteligente. E aqui cabe uma afirmação muito importante: numa revisão recente feita por Alexander Moreira-Almeida e outros colaboradores de peso, de artigos publicados por grandes autoridades da pesquisa sobre a relação mente-cérebro, encontrou-se que muitos façam afirmações categóricas sobre a hipótese materialista na relação mente-cérebro, não há evidencias que sustentem a exclusividade dessa hipótese para sustentar as investigações. Os autores desse trabalho propõem um pluralismo teórico a fim de ampliar e facilitar o avanço na área.

Nesse sentido, a criação da vida e do universo não parecem estar destituídas de um propósito. Optei, por objetivos meramente didáticos, não abordar em maior profundidade os aspectos cosmológicos e genéticos dessas questões, embora acredito que conseguirei expor algumas ideias a respeito da interface da Física com a Embriologia que serão importantes para o leitor seguir logicamente a leitura desse texto.

Um pouco da interface da física com a embriologia

A despeito de não se saber, ao certo, como a ordem surge a partir dos genes, ou se seriam os genes regidos por algum maestro ainda imponderável, como a mente ou o espírito humano, sabe-se que nos seres humanos todos os órgãos do indivíduo adulto surgem a partir de três folhetos embrionários.

Esses três folhetos são chamados de endoderma, mesoderma e ectoderma. O sistema nervoso humano, em especial o cérebro, desse ponto de vista, tem sua origem no folheto conhecido como ectoderma.

Assim, a partir de uma única célula, feita de 70% de água, o ovo – fecundação entre o espermatozoide e um óvulo– vê surgir um órgão de extraordinária complexidade: o cérebro.

Entenda que o cérebro é parte de um sistema maior que permite a interação entre o indivíduo e o meio interno e externo. Esse sistema é o sistema nervoso, o qual pode ser dividido em sistema nervoso periférico e sistema nervoso central. Existem ramificações do cérebro que vão direto para dentro do corpo, levando e trazendo informações. E existem ramificações desse mesmo cérebro que estão destinadas para fora do corpo, levando e trazendo informações sobre o ambiente e equilibrando o organismo em relação a si mesmo e ao meio. Chamamos esse processo de *Homeostase.*

Alguns de vocês, leitores, poderão estar se perguntando: e o que isso tem a ver com a Física? Peço, então, a vocês que voltem ao capítulo anterior, no item, "Em busca do um", caso não se lembrem, e releiam as 4 principais áreas de pesquisa e estudos do Físico Newtoniano. São elas: a Ótica, o Eletromagnetismo, a Termodinâmica e a Mecânica. Não é isso?

Agora penso que o leitor poderá começar a entender as interfaces que naturalmente irão surgir desse campo de interesse. Caso não, irei explicar a seguir.

O cérebro e a sua função newtoniana

Se a divisão da função cerebral fosse feita em quatro, alicerçadas nas quatro áreas de estudos da Física chamada Newtoniana, teríamos um modelo que pode ser visto na **Tabela 1**.

Do ponto de vista da relação física do indivíduo consigo mesmo e com o ambiente, pode-se dizer que a função Termodinâmica teria aspectos mais voltados para a Homeostase interna, ou seja, do equilíbrio interno do indivíduo, com respeito à temperatura, à hidratação e à regulação de outras funções corporais para garantir a própria relação com o meio externo, inclusive.

A função Mecânica, por sua vez, também guardaria um duplo aspecto. Ela, por um lado, cuidaria do equilíbrio interno do indivíduo na medida em que possibilitasse a organização do organismo e o seu crescimento diante da lei da gravidade. Mas, por outro lado, ela cuidaria da sobrevivência indireta do organismo na medida em que possibilitasse as suas reações de "luta ou fuga" quando se deparasse com as intempéries do meio em que vive.

Tabela 1 – O cérebro newtoniano

MECÂNICA	TERMODINÂMICA	ELETROMAGNETISMO	ÓTICA
SISTEMA MUSCULAR SISTEMA ESQUELÉTICO (E SUAS CONEXOES) SISTEMA NERVOSO (CEREBELO E SUAS CONEXÕES) SISTEMA REPRODUTIVO	SISTEMA CARDIOVASCULAR SISTEMA UROGENITAL SISTEMA GASTROENTESTINAL SISTEMA RESPIRATÓRIO	SISTEMA NERVOSO CENTRAL SISTEMA SENSORIAL (OCULAR) SISTEMA SENSORIAL (MENTAL)	

Hoje, acredito que há possibilidades de reações mais elaboradas do que meramente "lutar ou fugir", mas, de um ponto de vista arquetípico, essas duas matrizes vêm resumindo muitas das escolhas e comportamentos da sociedade moderna, até esse ponto evolutivo que alcançamos.

Ao se abordar o aspecto da Ótica e do Eletromagnetismo enquanto possibilidades cerebrais, aproxima-se, a meu ver, a órbita do estudo do imponderável do nosso mundo mais grosseiro. Essa aproximação, permite e prepara, com mais clareza, a análise das possíveis interfaces entre a Física Quântica e a Medicina, em especial sobre o funcionamento do cérebro. Essa discussão será feita no próximo capítulo. Por enquanto, o diálogo da Mecânica e da Termodinâmica e suas interfaces com o cérebro será retomado.

O cérebro, a mecânica e a termodinâmica

De um ponto de vista Mecânico, o cérebro faz conexões por meio dos nervos com os músculos, que, por sua vez, são sustentados pelos ossos. Por meio de vias eferentes, ou de comando, ele ordena que o indivíduo se mova ou pare em relação a algum obstáculo ou algum objeto.

Existem movimento finos e mais grosseiros que vão desde correr em direção ao nada até tocar piano e passar um fio no buraco de uma agulha. Isso só é possível através dessa interação do Cérebro com a porção Mecânica do Organismo.

Já do ponto de vista Termodinâmico, de uma forma mais generalizada, teríamos dois sistemas interagindo mais fortemente com o cérebro por meio das conexões neurais e circulatórias. Trata-se dos sistemas Urogenital e o Cardiovascular. Sobre o sistema Urogenital, certa vez, ouvi de um professor de endocrinologia, no período da faculdade, uma frase de que nunca me esqueci.

Ele disse mais ou menos o seguinte: "os rins são os órgãos que nos permitiram viver fora do mar". À época, parei para pensar naquilo e descobri que, do ponto de vista evolutivo, se não fossem realmente os rins – os órgãos, dentre outras coisas, responsáveis por filtrar o excesso de escórias, de sais, e outros detritos, eliminando esses resíduos através da urina – dificilmente conseguiríamos como espécie sobreviver fora da água. Prova disso são as pessoas que apresentam os quadros diagnósticos de insuficiência renal e que precisam da intervenção artificial da Hemodiálise. Nada mais nada menos do que, de fato, uma forma elaborada de manter o corpo fora do mar.

Mas além de eliminar água e as escórias, a eliminação de água também tem a função de controlar a temperatura. E o outro meio de controlar a temperatura corporal é por meio da eliminação do suor. Tudo isso é controlado por uma porção do cérebro chamada de Hipotálamo, em que existe um grupo de neurônios organizados em torno de uma função: a de regulação da temperatura corporal.

Além disso, o Hipotálamo é a sede do cuidado com as funções principais de sobrevivência do indivíduo, tais como a sede, o sexo e a fome. Nesse sentido, se estabelece com mais clareza o diálogo com o trato gastrointestinal, que será abordado em breve.

Por meio dessa regulação da temperatura, entra em ação uma conexão com outro Sistema muito importante: o Sistema Cardiovascular. Funcionando como uma bomba, o coração, também conectado ao cérebro por vias aferentes e eferentes, leva e traz informações, conduz o sangue e seus nutrientes por todo o corpo. Ao passar pela região do hipotálamo, com uma temperatura específica, o sangue é avaliado por esse pequeno segmento cerebral e, a partir daí, em conexões com outras porções do cérebro, tais como o córtex e o eixo-hipotálamo-hipófise-adrenal, enviando mensagens que mudam o comportamento do indivíduo. Quando está muito frio, a sua demanda por movimento aumenta, diminuindo a eliminação de água por meio do suor e da urina. Se muito quente, induz a um comportamento mais recatado, que gere menos calor, aumentando, ao mesmo tempo, a taxa de eliminação de água por meio da urina e dos poros da pele, pelo suor.

Não podemos esquecer que é por meio da boca que o Homem aufere todos os seus recursos alimentares, é de onde ele tira a sua energia para manter o calor do organismo. Todos os alimentos têm uma cota de energia que pode ser medida nos dias de hoje pela convenção das quilocalorias. Tais pacotes de energia são chamados de ATP. De um ponto de vista sistêmico, essa é a grande responsabilidade do sistema gastrointestinal.

Ainda na via da Termodinâmica encontra-se o Sistema Respiratório, regulando a combustão das reações que visa retirar dos alimentos a sua energia. Toda a bioquímica humana é baseada nessas moléculas de ATP, também conhecidas como as "moedas de troca" energéticas do corpo humano.

Reflexões sistêmicas: a origem da luz

De um ponto de vista sistêmico, pode-se dizer que o uso do raciocínio, de forma mais complexa, tem nos diferenciado dos animais. Com relação às plantas, uma característica delas que nós, seres humanos, não temos é a capacidade de produzir o próprio alimento a partir da luz. Esse processo é chamado de fotossíntese. Por isso, os seres humanos se valem das plantas ou dos animais que delas se alimentam para obter as fontes de energia solar, em última análise. Assim, a fotossíntese, capacidade de gerar alimento a partir da luz, é um processo em que os vegetais conseguem extrair energia da luz e armazená-la em suas moléculas por mecanismos bioquímicos.

No nosso processo alimentar, tira-se a energia das moléculas das plantas ou dos animais que comeram tais plantas para manter a sua temperatura corporal adequada para as reações químicas e realizações no mundo macroscópico, que vão desde comer, dormir, caminhar, reproduzir, e escrever um livro.

Então, quando no texto bíblico encontramos Deus criando o universo e dizendo "Faça-se a luz" (Gênese, 1:3), começamos a entender que muito do que hoje chamamos de vida, do ponto de vista biológico e material, não existira sem esse comando verbal que deu origem a algo tão fundamental no universo! Logo, estudar as propriedades quer newtonianas quanto quânticas da luz não poderia deixar de ser um caminho para melhor se compreender a base constituinte do universo. E não foi em vão, nem por acaso, que vários físicos e filósofos eminentes desse tema se ocuparam, ao longo de toda a História.

Sobre o princípio da incerteza e o par mente/cérebro

O Princípio da Incerteza de Heisenberg correlaciona-se com a ideia de que não se pode determinar ao mesmo tempo a posição e a velocidade de um elétron no mundo microscópico.

Enquanto hipótese, levanto a ideia de o par Cérebro/Mente também poder se comportar assim, ou seja, de forma dual e incerta. Não se pode ao mesmo tempo observar a mente e o cérebro, e esse par pode assumir características, ora de onda, ora de partícula, dependendo do contexto em que estiver inserido. Onda, possibilidade e pensamento; partícula, realização e neurotransmissão.

Neste capítulo, abordei aspectos do funcionamento Newtoniano do cérebro. Acredito que inúmeros fenômenos atribuídos à paranormalidade possam encontrar a sua explicação e sustentação científica longe dos processos do mistificação e do ocultismo, e sim na Teoria Quântica, ao extrapolar seus princípios aos fenômenos da consciência. Toda essa obra surge desse desdobramento, dessa analogia. Poder-se-ia aí, sim, falar de um misticismo quântico, sem caráter pejorativo, ao invés de uma mistificação quântica, que aí sim, assumiria um caráter mais pejorativo.

Diante dessa demonstração sobre a interface entre a Física, a Medicina e o Cérebro, suspeito que seja possível avaliar como alguns princípios quânticos podem ser aplicados aos mecanismos da consciência, trazendo, inclusive, aplicações práticas sobre a Medicina. Para melhor ilustrar esses aspectos, trarei, a seguir, a Interface desse tema com a Espiritualidade, utilizando passagens do Evangelho que poderão auxiliar o leitor a refletir, também, de forma mais prática a esse respeito.

CAPÍTULO 4

Jesus e a Mente Quântica: sobre o cérebro e suas possibilidades

"Hoje em dia acredita-se geralmente – e entre os físicos quase unanimamente – que a corrente do conhecimento nos leva a uma realidade não-mecânica; o universo começa a parecer mais um grande pensamento do que uma grande máquina"

(Sir James Jean – Físico séc. XX)

Introdução

Com as abordagens feitas nos capítulos anteriores, em que foram comentados os aspectos Newtonianos do cérebro, irei convidar você, leitor, a partir de agora, a compreender algumas passagens do Evangelho de Jesus sob um ponto de vista Quântico e também cerebral.

No capítulo três abordamos os aspectos mecânicos, termodinâmicos, óticos e eletromagnéticos associados ao cérebro. Acredito que os aspectos quânticos estarão ligados às possibilidades mentais desse excelente par, instrumento de que a vida nos dotou para decodificar, codificar e recodificar a realidade, recriando-a.

Assim, nesse capítulo, serão estudados os seguintes princípios quânticos aplicados à consciência humana, buscando correlacioná-los a algumas passagens do Evangelho e da nossa prática médica:

1) O Salto Quântico
2) A dualidade Onda-Partícula
3) A Não Localidade
4) A Não temporalidade

Cada um dos princípios enunciados tem um equivalente experimental na Física. Não irei detalhar cada um desses experimentos, mas apenas vou citá-los para que você possa se aprofundar num outro momento, caso deseje.

Assim, há o princípio do Salto Quântico consagrado pelos experimentos de Max Planck sobre a questão da radiação de corpo negro, e também associado aos estudos sobre o efeito fotoelétrico que deu a Albert Einstein o prêmio Nobel em Física e que foi desenvolvido, nas décadas posteriores, a partir dos diálogos entre Niels Bohr e Schrödinger.

Os estudos de De Broglie lançando a ideia inovadora da "dualidade onda-partícula" em torno do comportamento da luz, a ser posteriormente demonstrado pelo experimento da dupla-fenda também serão abordados.

E os princípios da Não Localidade e da Não Temporalidade conectados com o Teorema de Bell e o tunelamento quântico, criando as bases das teorias sobre o "entrelaçamento quântico" das partículas do mundo subatômico. Segundo essa teoria, dois elétrons de mesma órbita, afastados a distâncias significativas, estabelecem uma comunicação sincrônica que ultrapassaria as barreiras do espaço e do tempo, ou seja, quando se estimulava um, o outro, mesmo à distância, respondia de forma instantânea, demonstrando a possibilidade de uma conexão e ação não local para essas partículas subatômicas.

Quero reforçar que o mundo subatômico tem sido decifrado e tais descobertas têm dado origem a esses princípios. O que a Psicologia e a Medicina têm feito é extrapolar tais princípios ao funcionamento da consciência e procurar experimentos que possam reforçar ou refutar tais hipóteses qual seja a hipótese de que a consciência possa apresentar um comportamento quântico.

Há experimentos científicos que estão sendo feitos atualmente com a busca de avaliar os dados obtidos e que possam demonstrar ou não a realidade dessa hipótese teórica. Dentre eles, citamos um experimento conduzido por Grinber-Zynberbaum e por seus colaboradores (1994) no México.

Nesse experimento, os pesquisadores colocavam dois indivíduos em prática de meditação com a intenção de estabelecer uma possível comunicação "não local" entre ambos. Depois desse período, eles continuavam a meditar com o mesmo objetivo, mas separados fisicamente por duas gaiolas de Faraday, que têm a capacidade de criar um isolamento eletromagnético, porém com ambos os meditadores conectados a uma máquina de registro individual de Eletroencefalograma.

A partir desse cenário, um dos indivíduos em meditação passa a ser exposto de forma recorrente a disparos de flashes de luz, que produzem no EEG um padrão decorrente dessa estimulação. De forma surpreendente, o outro indivíduo também apresenta os mesmos padrões de alteração no EEG, mesmo sem ter sido estimulado com os flashes, apontando para a existência de alguma forma de comunicação não local entre os mesmos.

Estudos também têm sido conduzidos sobre o poder da oração e da intercessão à distância, com resultados ainda parciais. Particularmente, até o momento, tais estudos não me parecem ser os melhores modelos para se comprovar a eficácia ou não de tais práticas.

Nesse sentido, do ponto de vista da inter-relação entre a Física Quântica e a Espiritualidade, passagens do Evangelho de Jesus serão pinçadas a seguir, usando o critério de que o paradigma quântico possa fornecer algumas bases interpretativas para os processos descritos, num contexto religioso, inclusive.

A espiritualidade, a cura quântica e a medicina do futuro: o salto da mulher hemorroíssa

"E uma mulher, que tinha um fluxo de sangue, havia doze anos, e gastara com os médicos todos os seus haveres, e por

> *nenhum pudera ser curada, Chegando por detrás dele, tocou na orla do seu vestido, e logo estancou o fluxo do seu sangue. E disse Jesus: Quem é que me tocou? E, negando todos, disse Pedro e os que estavam com ele: Mestre, a multidão te aperta e te oprime, e dizes: Quem é que me tocou? E disse Jesus: Alguém me tocou, porque bem conheci que de mim saiu virtude. Então, vendo a mulher que não podia ocultar-se, aproximou-se tremendo e, prostrando-se ante ele, declarou-lhe diante de todo o povo a causa por que lhe havia tocado, e como logo sarara. E ele lhe disse: Tem bom ânimo, filha, a tua fé te salvou; vai em paz".* (Lucas 8:43-48)

A cena da cura da mulher hemorroíssa é muito intrigante de um ponto de vista médico e quântico.

Segundo o texto bíblico, a mulher estava com um processo crônico hemorrágico em seus órgãos genitais. De um ponto de vista médico, poderia ser algum sangramento uterino causado por algum mioma, ou mesmo alguma disfunção hormonal ou anatômica mais séria. O fato é que ela já havia procurado várias formas de auxílio e ainda não havia encontrado a sua cura. Neste sentido, muitas vezes a Medicina pode se colocar num terreno bastante movediço, pois cria a questão sobre até que ponto a sustentação de um paradigma materialista não serve, em última análise, mais à própria medicina e aos seus interesses materiais do que aos próprios pacientes e suas mazelas e dores, tantas vezes espirituais e existenciais.

Para alcançar a cura, a mulher encosta na barra das vestes de Jesus, que comenta, na hora, que teria sentido que dele saiu alguma virtude. Pedro chega, de certa forma, a questionar o Mestre, dizendo que todo mundo estava encostando nele, ali naquele contexto.

Essa informação parece ser muito importante. A virtude estava no Cristo. Seria um "pacote quântico" de virtude?

Podemos dizer, que do ponto de vista médico, a Virtude pode estar no profissional ou em algum medicamento, por exemplo, quer alopático ou homeopático. Mas cabe também ao movimento que a pessoa faz de realmente buscar essa cura para que ela possa receber os benefícios da virtude daquele profissional ou daquela terapia, quer seja farmacológica ou não.

E, de forma mais profunda, pode-se também indagar se o encontro com o Cristo fora dela não seria apenas uma maneira de se espelhar o encontro com o Cristo dentro, de um ponto de vista holográfico, psicológico e espiritual.

Indagamos, então, se as instâncias crísticas do psiquismo poderiam ser acessadas, de onde viria a virtude, hipoteticamente quantizada, quando se busca o encontro com o Cristo exterior – representado por um terapeuta ou um líder religioso, por exemplo – num movimento genuinamente de alma para alma em busca da cura, quando procuraremos alguém que acredita que possa, de alguma forma, ter o potencial de auxiliar alguém em relação a algum sofrimento. Nesse sentido, o outro passa a ser um mero canal ou um espelho que serve de instrumento para se fazer um movimento em busca do Cristo que há dentro de cada um de nós.

Acredito que isso possa fundamentar o que se atribui, ainda de forma muito superficial, ao efeito placebo e seus correlatos.

Nesse sentido, compreendo que a Medicina do Futuro aprenderá que valem os esforços terapêuticos do médico e de todos os profissionais, mas será fundamental o posicionamento íntimo do doente para alcançar os processos da cura integral. Muitos encostaram em Jesus, mas apenas ela conseguiu se valer da Sua Virtude. Não por acaso, ao final ele diz: "foi a tua fé que te curou".

Existe, assim, a dimensão do paciente. Uma frase bem conhecida nos meios de comunicação brasileira após a propaganda de alguns medicamentos é a seguinte: "Na persistência dos seus sintomas, procure seu médico". Alguém – não sei dizer ao certo quem – teria proposto a recíproca brilhante e bem humorada de tal recomendação: "Na persistência de seus médicos, consulte seus sintomas". Síntese dialética perfeita. Muitos pacientes trocam recorrentemente de médicos e não percebem que isso é exatamente o seu sintoma, pois, na verdade mais profunda, ainda não se abriram ao processo de transformação que, muitas vezes, se repete nos consultórios de cada um desses médicos que foram sucessivamente trocados uns pelos outros.

Não raro, nós, médicos, assumimos casos que já passaram nas mãos de vários colegas, de competência inquestionável, mas o paciente não adere ao tratamento. Quando o paciente começa a ouvir uma proposta – que às vezes é a mesma dita por profissionais diferentes – que lhe convida a ter uma postura diferente, ele cria uma indisposição com o terapeuta e, num dizer bem mineiro, "casca fora", e alega que o médico não é bom, que agora ele está sem tempo, sem dinheiro, etc., e vai mantendo a vida exatamente sem nenhuma transformação.

Psiconeuroimunologia: as bases orgânicas da medicina mente/corpo

De um ponto de vista orgânico, as bases para a união do corpo com a mente podem ser encontradas nos estudos da Psiconeuroimunologia, por meio da qual se verifica a conexão dos processos cerebrais com o restante das glândulas do corpo e com seus recursos imunológicos através do eixo Hipotálamo-Hipófise-Adrenal.

Gostaria de citar os resultados de alguns estudos que demonstram as evidências da Psiconeuroimunologia a respeito da influência da espiritualidade e do bem-estar sobre a saúde:

1) aumento dos níveis de imunoglobulina-A, correlacionados a melhoria dos processos de defesa pelo organismo, em estudantes que assistiram a um filme sobre Madre Teresa de Calcutá, em comparação a alunos que assistiram a um filme sobre a Segunda Guerra Mundial;
2) diminuição de 50% dos níveis de interleucina-6, um marcador de resposta inflamatória, em pessoas com atividades regulares em serviços religiosos;
3) aumento de linfócitos CD4, células associadas a uma melhor capacidade de resposta imunológica pelo organismo, em soropositivos para HIV associado a crenças e práticas religiosas de um grupo de pacientes, quando comparado ao grupo controle formado por pacientes não envolvidos em tais atividades;
4) aumento nos marcadores celulares de defesa, tais como níveis de células NK, linfócitos-T auxiliares e da atividade linfocítica, em mulheres acometidas por câncer de mama com atividades religiosas em comparação a um grupo controle que não participava de tais atividades.

Assim, em sua busca de Educação, Promoção de Saúde, Espiritualidade e Paz para o Terceiro Milênio, acredito que o paciente será cada vez menos passivo e mais consciente de suas possibilidades de cura.

Com certa frequência, ouvi na faculdade em que lecionei e ainda ouço em meu consultório e no meu dia a dia casos de curas instantâneas após tratamentos espirituais em que os médicos, após tais eventos, comparando exames de imagens anteriores e posteriores aos procedimentos ficam estupefatos com alguns resultados. Alguns assumem uma postura de negação, alegando, por exemplo, que os exames podem ter sido trocados; outros demonstram simpatia, e outros, indiferença.

No caso das curas espirituais consideradas instantâneas, a indagação seria a seguinte: seria um processo de cura espiritual regido por um fenômeno semelhante ao do salto quântico, em que a doação de algum tipo de "virtude" auxiliaria a reorganização imediata do tecido celular, baseada em moldes não materiais, indo de um estado patológico para um estado fisiológico sem estados intermediários nessa mudança? Seria isso possível?

A dualidade onda-partícula: um modelo para o binômio cérebro/mente?

No famoso experimento da dupla-fenda, de Thomas Young, demonstrou-se que a luz se comporta ora como onda e ora como partícula. Observamos que a matriz do universo, do ponto de vista bíblico, é a própria Luz. E disse Deus: Haja luz; e houve luz. (Gênesis 1:3)

Nesse aspecto, considerando a dualidade cérebro/mente, pode-se perguntar até que ponto o próprio organismo, como poderoso e sábio campo de informações, não se comporta como a própria Luz, ou seja, também dessa forma dual.

Pode-se, assim, propor o questionamento seguinte: os neurotransmissores poderiam ser a expressão da fase particular do pensamento? E, por outro lado, os pensamentos poderiam ser, por sua vez, a expressão ondulatória dos processos cerebrais? Isso permite apreciar o binômio Cérebro/Mente como uma realidade entrelaçada numa dimensão espaço-tempo e numa dimensão "não espaço, não tempo", que "é e não é", numa dimensão estática e numa dimensão dinâmica. Numa perspectiva dinâmica do que é instável e do que é permanente, ao mesmo tempo.

Isso explicaria como existem processos que o cérebro processa e cognitivamente elabora de forma linear, e como existem processos que na verdade são processos não lineares registrados pela mente e elaborados de forma não linear pela cognição cerebral. Isso abre as portas para a compreensão de processos da linguagem do mundo inconsciente individual e coletivo, como o mecanismos de alguns tipos de sonhos, por exemplo.

Num sentido mais amplo, até mesmo para se compreender a não linearidade da apreensão dos fenômenos temporais de forma atemporal, como no caso das profecias e premonições. Para facilitar a compreensão das ideias que estão sendo expostas, sugiro que você assista ao filme "A Chegada" (2016) que toca indiretamente no assunto ao associar a possibilidade do uso de certo tipo de padrão de linguagem para se acessar de maneira mais pragmática tal tipo de atemporalidade.

Vive-se assim, entre a linearidade e a não linearidade. A cura quântica, nessa perspectiva, poderia ser alcançada como um processo de expansão da consciência, como um salto não linear na compreensão da vida e da realidade que a cerca, de forma sistêmica, gestáltica, intuitiva, gerando toda uma reorganização do corpo a essa nova maneira de moldar as suas formas, que pode culminar, inclusive, com o desaparecimento instantâneo de um tumor que pese vários quilos. Temos ouvido casos assim: pessoas que antes da cirurgia fazem um ultrassom pré-operatório e tendo, antes disso, se submetido a alguma intervenção de cunho espiritual, revelam um ultrassom que faz cancelar a cirurgia ou o procedimento invasivo.

A não linearidade de um processo de cura. A cura, como predição prognóstica, pode se abreviar no tempo, dependendo do contexto mental e quântico em que o indivíduo se coloca, com repercussões inclusive sobre a sua própria ordem genética.

Seria possível prever isso? Compreender quais leis se aplicam a esses casos e porque eles não acontecem com todas as pessoas?

Observo isso, também, em meu percurso pessoal e profissional, por meio de práticas de dança, oração, contemplação e meditação, uso de medicamentos homeopáticos, processos de psicoterapia, vivências em grupo, sonhos, etc. Os estados alterados de consciência alcançados poderiam, assim, colocar o indivíduo em outro patamar de compreensão, diante da mesma realidade, deixando a visão anterior para trás, em processos realmente não lineares de mudança de contexto de vida. Novos contextos e novas compreensões automaticamente gerariam o abandono dos estados antigos a se manifestarem no corpo, pois eles deixariam de ter sua função, enquanto linguagem expressiva do mundo inconsciente. Estaria aí a base da medicina psicossomática? Haveria assim, processos que seriam agudos e outros crônicos? Tais impressões do psiquismo sobre o corpo físico poderiam se prolongar em mais de uma existência? Estudos do psiquiatra Ian Stevenson, da Universidade da Virgínia, sobre casos possíveis de serem explicados pelo modelo da reencarnação, utilizam exatamente, o uso de marcas de nascença e a forma como se morreu na possível última vida, como uma das formas de se perseguir esses rastros.

Assim, compreendem-se os processos porque vivem alguns empresários, supracitados, mudando radicalmente seu estilo e vida, médicos e profissionais de saúde repensando a sua forma de praticar a medicina e as suas técnicas, buscando métodos que integrem a Alma, o Corpo e outras formas de tratamento, pessoas que vivem numa ocidentalidade tremenda migrando radicalmente para estilos de vida mais artesanais, suspensos no espaço-tempo, saindo da correria do dia a dia.

Já cantou Marisa Monte (2006), artista brasileira, essa realidade, delineando um lugar onde viver sem muita pressa seria possível:

> Há um vilarejo ali, onde areja o vento bom. Na varanda, quem descansa, vê o horizonte deitar no chão..." (...) Pra acalmar o coração, lá o mundo tem razão, Terra de heróis, lares de mãe, Paraíso se mudou para lá... (...) Por cima das casas, cal, Frutas em qualquer quintal, Peitos fartos, filhos fortes, Sonhos semeando o mundo real... (...) Toda gente cabe lá, Palestina, Xangri-Lá (...). Vem andar e voa, Vem andar e voa, Vem andar e voa (...) Lá o tempo espera, Lá é primavera, Portas e janelas ficam sempre abertas, Pra sorte entrar (...) Em todas as mesas, pão, Flores enfeitando, Os caminhos, os vestidos, os destinos, E essa canção (...)

No mundo científico, Fritjof Capra chamou esse processo de Ponto de Mutação. E acredito, de um ponto de vista coletivo, que a humanidade, em massa, irá alcançar esse processo mudando radicalmente a sua forma adoecida e opressiva de viver. E todos sentirão, coletivamente, a necessidade de se buscar mais a essência, sem prejuízo à existência.

Sobre a não localidade e "não temporalidade" na medicina

Na minha experiência profissional, alguns casos me chamaram a atenção para esse novo conceito da "não localidade" e "não temporalidade" na Medicina, dentre eles, gostaria de comentar dois deles com você, leitor.

A não localidade como diagnóstico diferencial em medicina

O primeiro caso foi um relato que ouvi de uma enfermeira, enquanto estava em um de meus plantões psiquiátricos, mais no começo de minha carreira. Comentava com ela uma leitura que fazia sobre um livro de Medicina e Física Quântica.

Expunha para ela os conceitos que delineei no começo do capítulo quando ela resolveu me contar um episódio de sua vida pessoal.

Naturalmente, não revelaremos aqui os nomes reais das pessoas que passaram pela experiência, para resguardá-las de qualquer aborrecimento ou indiscrição de minha parte, embora eu tenha documentado a autorização que ela me deu para escrever sobre esse assunto.

A enfermeira iniciou sua descrição explicando que cresceu vizinha de uma família cuja mãe só tinha filhos homens. Ela alega que a mãe desses meninos a considerava como uma filha, tendo a enfermeira uma ligação muito particular com um dos filhos dessa senhora, a quem considerava como um irmão.

Com o passar do tempo, eles foram se afastando de uma convivência mais próxima, por motivos de estudos, embora permanecessem sempre muito ligados emocionalmente. Ela teria ido fazer enfermagem em outra cidade, bem distante, e ele teria ficado na cidade de origem de ambos. Certo dia, ela estava à noite em uma festa da faculdade, nadando numa piscina com seus amigos quando, de repente, parou de sentir as pernas e começou a afundar na água. De imediato, os colegas não entenderam, mas rapidamente perceberam que ela não estava bem. Colocaram-na deitada na beira da piscina e, após algumas horas, ela foi recobrando o jogo das pernas e o funcionamento adequado de seus membros inferiores.

No dia seguinte, ela voltou à sua cidade natal e soube que, naquele mesmo horário em que perdeu o jogo das pernas, aquele jovem, vizinho de sua casa, com quem tinha forte relação, havia levado um tiro e sido morto na porta de uma boate.

Casos como esse não são tão incomuns. Mas acredito que esse relato, junto a outros semelhantes, do ponto de vista médico, passa a ser cada vez mais paradigmático, ou seja, existe uma grande dificuldade de se levantar esse assunto, formalmente, do ponto de vista acadêmico. Isso porque, atualmente, a Medicina está calcada em bases predominantemente materialistas, como tenho afirmado desde o começo desta obra.

Situações em que mães sofrem verdadeiros apagões ou se sentem quase que compulsoriamente obrigadas a ligar para seus filhos em momentos chave são peças arquivadas na memória de um número considerável de pessoas, quer por vivência próxima ou própria.

Por casos como esses, além de experimentos científicos que são realizados baseando suas hipóteses nesse paradigma, acredito que a "não localidade" estará sendo cada vez mais considerada na Medicina e nas demais ciências, quer do ponto de vista diagnóstico, quer do ponto de vista propedêutico e terapêutico, além das linhas de reabilitação, prevenção e promoção de saúde.

Do ponto de vista diagnóstico e nosológico, dentre as chamadas "causas indeterminadas" de uma dada afecção haverá, possivelmente, um item na classificação internacional das doenças em que a hipótese quântica para uma determinada ocorrência seja considerada, baseada no princípio da não localidade, por exemplo.

Do ponto de vista propedêutico, suspeito que aparelhos que permitam sondar o organismo à distância sejam possíveis, prescindindo de sua presença física em determinado local, baseados nessa mesma premissa.

De um ponto de vista terapêutico, haverá meios de se tratar à distância e cada vez mais de se conhecer os processos pelos quais esses tipos de cura podem ocorrer. Hoje, muito se tem pesquisado sobre os processos de cura e intercessão pela via da oração, como já citamos, com resultados ainda parciais, devido às dificuldades inerentes à organização metodológica de estudos como esses. Mas acredito ainda que com o avançar das discussões nesse campo serão descobertas outras formas de se melhor compreender tais ideias, ou mesmo de refutá-las, caso elas se comprovem mesmo absurdas, o que, pessoalmente, não me parece o caso.

Jesus e a cura à distância: o caso do centurião

> *"E o servo de um certo centurião, a quem muito estimava, estava doente, e moribundo. E, quando ouviu falar de Jesus, enviou-lhe uns anciãos dos judeus, rogando-lhe que viesse curar o seu servo. E, chegando eles junto de Jesus, rogaram-lhe muito, dizendo: É digno de que lhe concedas isto, porque ama a nossa nação, e ele mesmo nos edificou a sinagoga. E foi Jesus com eles; mas, quando já estava perto da casa, enviou-lhe o centurião uns amigos, dizendo-lhe: Senhor, não te incomodes, porque não sou digno de que entres debaixo do meu telhado. E por isso nem ainda me julguei digno de ir ter contigo; dize, porém, uma palavra, e o meu criado sarará. Porque também eu sou homem sujeito à autoridade, e tenho soldados sob o meu poder, e digo a este: Vai, e ele vai; e a outro: Vem, e ele vem; e ao meu servo: Faze isto, e ele o faz. E, ouvindo isto Jesus, maravilhou-se dele, e voltando-se, disse à multidão que o seguia: Digo-vos que nem ainda em Israel tenho achado tanta fé".* (Lucas 7:2-9)

No episódio citado em que o Centurião procura Jesus para interceder em benefício de um de seus soldados, e obtém não localmente a cura, talvez esteja implícito um dos mecanismos do processo da cura quântica. Talvez se possa dar mais crédito, a partir daqui, à ideia de que forças espirituais, por enquanto imponderáveis, sejam capazes de agir e atuar indiretamente sobre a matéria, a partir do par mente/cérebro, fora do eixo comum do espaço-tempo, alcançando seus fins independentemente da distância e do tempo linear em jogo. E o que me parece bastante interessante.

Ao contrário do que pensam muitos cristãos, que ainda agem de forma sectária, desmerecendo a crença e a forma de crer de outras pessoas que não compartilhem a sua forma de expressar a fé, Jesus elogia a fé deste romano, dizendo que foi a maior que viu em toda a Israel.

O centurião se vale do que sabe, ou seja, suas noções de hierarquia, para elaborar conceitos no campo da Espiritualidade, por meio do processo chamado de analogia. Isso foi suficiente para obter o auxílio de Cristo. Além de fé, bom senso na fé, ou seja, o uso do aspecto racional de sua mente permitiu-lhe abrir seu campo intuitivo auferindo os benefícios de tal prática.

Jesus e a visão à distância: a entrada em Jerusalém e o episódio dos peixes

Existem vários momentos em que Jesus demostra suas habilidades de "Homem Espiritual" (*Homo Sapiens Spirituallis*) ao longo do Evangelho. A exibição de seus dotes quânticos deverá ser cada vez mais compreendida como o prenúncio da possibilidade da expansão destas realizações mentais a toda a humanidade, de forma cada vez mais disseminada e consciente.

> *"E aconteceu que, chegando perto de Betfagé, e de Betânia, ao monte chamado das Oliveiras, mandou dois dos seus discípulos, dizendo: Ide à aldeia que está defronte, e aí, ao entrar, achareis preso um jumentinho em que nenhum*

> *homem ainda montou; soltai-o e trazei-o. E, se alguém vos perguntar: Por que o soltais? Assim lhe direis: Porque o Senhor o há de mister. E, indo os que haviam sido mandados, acharam como lhes dissera. E, quando soltaram o jumentinho, seus donos lhes disseram: Por que soltais o jumentinho? E eles responderam: O Senhor o há de mister. E trouxeram-no a Jesus; e, lançando sobre o jumentinho as suas vestes, puseram Jesus em cima".* (Lucas 19:29-35)

No episódio da *Entrada em Jerusalém* destacado, Jesus pede aos discípulos para buscarem um jumento, cujas características e localização ele descreve sem tê-lo visto. E tal fato, segundo as letras sagradas, viria ser confirmado posteriormente pelos apóstolos.

No episódio da chamada *"Pesca maravilhosa"* (ver fragmento abaixo), Jesus parece ter vislumbrado, de forma "não local", onde havia cardumes em abundância, e ter apontado para os discípulos onde deveriam jogar as redes.

> *"Disse-lhes Simão Pedro: Vou pescar. Dizem-lhe eles: Também nós vamos contigo. Foram, e subiram logo para o barco, e naquela noite nada apanharam. E, sendo já manhã, Jesus se apresentou na praia, mas os discípulos não conheceram que era Jesus. Disse-lhes, pois, Jesus: Filhos, tendes alguma coisa de comer? Responderam-lhe: Não. E ele lhes disse: Lançai a rede para o lado direito do barco, e achareis. Lançaram-na, pois, e já não a podiam tirar, pela multidão dos peixes.* (João 21:3-6)

Os discípulos, a meu ver, estavam usando, até aí, os critérios meramente racionais, valendo-se apenas de suas habilidades de percepção cerebral newtoniana, pelos canais oculares e auditivos, e de suas memórias e experiências, mas sem se valer de um contexto cósmico mais amplo que, numa perspectiva sistêmica, colocariam eles em posição mais favorável, caso se valessem de suas perspectivas quântico-intuitivas para tomar suas decisões.

Do ponto de vista prático, a ferramenta das constelações familiares, desenvolvida e concebida pelo alemão Bert Helinger, de todas que já pude conhecer, me parece, até o momento, a maneira mais fácil, embora o viés intrínseco à subjetividade de seu mecanismo, de acessar as informações do inconsciente coletivo, sondando o "campo" associado a um determinado contexto e toda a fenomenologia correlata ao mesmo, dessa forma não local.

Um contraponto entre a psicopatologia e a mística espiritual

Mencionei, anteriormente, um comentário a respeito da frase de um psiquiatra inglês que gostaria de retomar sobre as diferenças entre a psicose e a sabedoria.

De fato, se existe a compreensão de que estamos todos imersos num campo de informações de sistemas sobrepostos em interseções incontáveis, como peixes num oceano, percebe-se que o uso sobrevalorizado da intuição pode colocar o indivíduo, além da associação com outras causas, no limiar da loucura, se o mesmo desprezar os aspectos senso-perceptivos e racionais do funcionamento de seu próprio aparelho cerebral na decodificação da realidade.

Nesse sentido, quanto mais alta a árvore, mas profundas devem ser as raízes. Assim, o uso da intuição não deve prescindir do uso da racionalidade, nem das outras funções psíquicas, sob o risco de se negar a realidade e o contexto em que se está inserido.

"Pés no chão, mas a cabeça nas estrelas", como alguém já teria dito. Estou falando de inclusão e integração das múltiplas inteligências e expressões cerebrais das nossas funções psíquicas e não de exclusividade ou de exclusivismo de uma sobre a outra.

Ao mesmo tempo, como a humanidade impregnada do discurso materialista de nossa atualidade tem priorizado muito os aspectos meramente racionais e sensoriais, o que desejo, com esta obra, é dar ênfase ao aspecto intuitivo, sentimental, místico, quântico e espiritual, porém sem desvalorizar os restantes. Que isso fique bem claro, pois caso contrário, cairíamos na ingenuidade e no elemento da mistificação do que poderá ser genuinamente místico.

Um salto nada quântico: sobre a não temporalidade na medicina

Em meu dia a dia, ouço, com certa frequência, por parte de meus pacientes, relatos de sonhos premonitórios ou episódios mais consistentes do uso da potência intuitiva da mente para resolução de determinados contextos caóticos.

Fiquei de relatar um outro caso, descrito, certa vez, por uma cliente, numa sessão de psicoterapia. Quero, com ele, destacar o contexto arquetípico revelado pela vivência dessa situação. Ela também me autorizou a tal relato, embora, naturalmente aqui, não permitirei que ela seja identificada.

Segundo a paciente, ela estava se preparando, sem que seus pais soubessem, para um salto de paraquedas, fazendo vários treinamentos no solo. E ocorreu que, no dia anterior ao salto, ela teria recebido o contato de um amigo médium, espiritualista, com quem já não tinha contato há algum tempo e que não sabia dessas suas peripécias, que a teria avisado para não ir ao tal salto, pois ele havia sonhado com uma parede cheia de sangue e se lembrado dela.

Na época, segundo o que a paciente comentou, ela já tinha noções de espiritualidade, mas não deu ouvidos ao suposto alerta do amigo e foi ao seu primeiro salto de paraquedas. O que se sucedeu, então, foi muito curioso.

Segundo seu relato, após todos os preparativos, e de depois de já estar em pleno voo, no momento do salto ela passou por uma situação surpreendente.

Na hora em que ela saltou, o seu aparato ficou preso em uma parte do avião, e ela ficou dependurada literalmente por alguns segundos, por uma das cordas da mochila. Ela não soube dizer ao certo o que houve, depois de alguns momentos, percebeu tudo em câmera lenta e sentiu a corda se saltar. Chegou, depois de longos momentos no ar, com o paraquedas aberto, em estado de choque, ao solo. E ninguém soube explicar, ao certo, o que havia acontecido.

Ela disse que nunca mais saltaria de novo, embora, mais tarde, tenha acabado por decidir voar em uma asa delta, sem maiores intercorrências.

Apesar de o episódio vivenciado por ela dar margem a vários tipos de análises, seria interessante avaliar o aspecto quântico da "não temporalidade" de sua vivência.

Várias são as pessoas que têm mais facilidade para a premonição, que se trata desse tipo aparente de percepção que ocorre pelos canais intuitivos da mente. As pessoas parece ter acesso a determinadas formas de linguagem do inconsciente coletivo que se expressam de forma simbólica, não verbal.

Nesse contexto, são comuns imagens, símbolos, conteúdos arquetípicos que revelam, de forma extraordinariamente sintética, aspectos que se projetam nas linhas do espaço-tempo, antecipando, às vezes por décadas ou séculos, informações a respeito de um indivíduo ou de uma nação na suposta linearidade da vida.

Acreditamos que esse tenha sido o processo alcançado, por exemplo, por João Evangelista, na escrita do Apocalipse. Além desse, outras formas de êxtase alcançadas e descritas por místicos de diferentes tempos e religiões.

Jesus e a "não temporalidade": entre Pedro e Judas

No contexto do Evangelho, observam-se momentos em que Jesus se vale das possibilidades quânticas do par "mente/cérebro" para prever determinados contextos que surpreenderam bastante os apóstolos.

O caso de Pedro

> *"Ora, Pedro estava assentado fora, no pátio; e, aproximando-se dele uma criada, disse: Tu também estavas com Jesus, o galileu. Mas ele negou diante de todos, dizendo: Não sei o que dizes. E, saindo para o vestíbulo, outra criada o viu, e disse aos que ali estavam: Este também estava com Jesus, o Nazareno. E ele negou outra vez com juramento: Não conheço tal homem. E, daí a pouco, aproximando-se os que ali estavam, disseram a Pedro: Verdadeiramente também tu és deles, pois a tua fala te denuncia. Então começou ele a praguejar e a jurar, dizendo: Não conheço esse homem. E imediatamente o galo cantou. E lembrou-se Pedro das palavras de Jesus, que lhe dissera: Antes que o galo cante, três vezes me negarás. E, saindo dali, chorou amargamente"* (Mateus 26:69-75).

A passagem com Pedro é paradigmática. Após o discípulo de forma bastante emocional, aparentemente, proclamar a sua fidelidade a Cristo, Jesus o orienta e prevê que ele mais tarde o negaria três vezes. Na perspectiva evangélica, tal fato ocorre e permite de certa forma, consolidar a fé de Pedro no Messias, depois de ter "chorado amargamente", ou seja, Jesus teria ajudado Pedro a mudar de seu padrão fixado apenas no Cérebro Emocional para usufruir as possibilidades de integração do seu Cérebro Espiritual, alcançando outro patamar de testemunho moral e ético perante o Evangelho.

Falarei mais, ainda neste capítulo, de forma mais específica, sobre essa possibilidade de correlação entre a neurobiologia e a espiritualidade.

A grande saída de Pedro, que foi a do arrependimento, não foi a mesma de Judas.

O caso de Judas

> *"E, chegada a tarde, assentou-se à mesa com os doze. E, comendo eles, disse: Em verdade vos digo que um de vós me há de trair. E eles, entristecendo-se muito, começaram cada um a dizer-lhe: Porventura sou eu, Senhor? E ele, respondendo, disse: O que põe comigo a mão no prato, esse me há de trair. Em verdade o Filho do homem vai, como acerca dele está escrito, mas ai daquele homem por quem o Filho do homem é traído! Bom seria para esse homem se não houvera nascido. E, respondendo Judas, o que o traía, disse: Porventura sou eu, Rabi? Ele disse: Tu o disseste"* (Mateus 26:20-25).

Ao ser indagado, na Última Ceia, quem seria o traidor, Jesus aponta que seria aquele que com ele pusesse a mão no prato. E neste momento, Judas teria se servido. Comer pondo a mão junto no prato é um forte marco de intimidade.

Aqui vale um breve comentário sobre a traição. Dificilmente os distantes se traem. Ao longo da história humana, vemos os amigos, mais íntimos, os sócios e parceiros, os mais confiáveis, serem motivo de escândalo e sofrimento para os seus parceiros nas mais variadas áreas da vida. As pessoas tendem a se escandalizar com isso, mas acho isso inadequado. Deveriam se escandalizar com a própria falta de vigilância em permitir aproximações inadequadas. Não se está falando contra a intimidade, mas a favor da intimidade com vigilância, sem o devido cuidado.

Acredito que, numa perspectiva de Educação, Promoção de Saúde, Espiritualidade e Paz para o Terceiro milênio, as pessoas serão mais autênticas em suas amizades, e também mais vigilantes.

Por outro lado, a fraqueza do amigo que se vale da intimidade para golpear haverá de ser cada vez menos presente. E o perdão, processo natural que Jesus elege para tentar despertar Judas, quando diz, "a que vieste, amigo" (Mateus, 26:50), pouco antes de ele lhe dar o beijo da traição, também será o meio mais excelente para se esquecer os males recebidos.

Perdão: escadaria para o céu

Obviamente que aqui estou me referindo ao perdão como função de esquecimento da dívida e não da ofensa em si que fica, certamente, arquivada nas páginas da memória. O perdão, no Evangelho, fica ainda mais patente no momento da Crucificação, quando o chamado bom ladrão alcança o Paraíso no mesmo dia, na presença do Cristo. (Lucas, 23:43)

Muitas pessoas comentam que se pode ir do céu ao inferno em segundos. De fato, a "queda" mental pode levar um indivíduo ao abismo se ele estiver num momento de maior invigilância. Prova disso são os eventos no trânsito ou certos clubes noturnos em que, de súbito, momentos de paz, lazer e entretenimento apresentam desfechos trágicos e fatais. A esse tipo de relato a sociedade, infelizmente, está mais acostumada.

Porém, existe o caminho inverso que ainda é pouco trilhado por nós em nosso dia a dia. Acredito que essa escalada será cada vez mais frequente, a possibilidade de se estar, "ainda hoje, no nosso Paraíso mental". Não importa o que se tenha feito, acredito que, se for feito um pedido, ou trilhado um percurso sincero – ainda que com auxílio terapêutico – de perdão e uma manifestação real de arrependimento, o indivíduo poderá se beneficiar mais desse processo, que pode ser compreendido como um tipo de salto quântico da consciência em relação à própria paz interior.

O simples processo de condicionamento mental em perdoar os outros e a si mesmo poderá ser um método de treinamento que auxiliará o indivíduo a se perdoar, nos momentos em que isso possa se fazer necessário. "Bem-aventurados os misericordiosos, pois alcançarão misericórdia". (Mateus, 5:7)

Perdoar os outros é um ato que coloca aqueles que o exercem, mentalmente, em uma posição mais livre, que facilita o alcance mais fácil de um estado de bem-estar, naturalmente, sem deixar de colher os frutos do mal praticado.

O fato de se perdoar ou de ser perdoado nem sempre exime o sujeito da possibilidade, e, muitas vezes, da necessidade de reparação de algum mal cometido, mas certamente poderá colocá-lo em uma postura mental mais equilibrada para viver os reparos e as correções necessárias.

Assim, acredito que num contexto de Educação, Promoção de Saúde, Espiritualidade e Paz para o Terceiro Milênio, as pessoas estarão mais abertas para o perdão e para a misericórdia como caminho para a pacificação da própria mente frente o mal cometido ou recebido durante a vida.

E assim, a sociedade deixará de assistir a tantas vidas serem perdidas em momentos de trivialidades e disputas corriqueiras nas ruas e nas cidades em geral. Não se pode deixar que as próximas gerações cresçam com a crença de que a vida deles e dos outros valem tão pouco a ponto de serem perdidas em uma discussão no trânsito ou em algum restaurante qualquer.

Nesse sentido, observa-se o erro cometido por Judas. A meu ver, seu enorme erro foi não ser capaz de se perdoar, projetando-se na culpa e no automartírio indigno por meio do suicídio, expressão máxima da violência contra si mesmo.

A violência, tanto contra o outro, quanto contra si, será abordada de forma mais aprofundada no capítulo 5 desta obra.

O Cérebro Trino e as possibilidades humanas

De um ponto de vista neurobiológico, alguns cientistas concordam em dividir o cérebro em três níveis, em teoria chamada de "O Cérebro Trino". Essas camadas seriam: o Cérebro Reptiliano, o Cérebro Emocional ou Límbico e o Neocórtex, ou Cérebro Superior (**Figura 4**).

Nessa perspectiva, o cérebro reptiliano estaria mais conectado com as funções de sobrevivência. O segundo nível com as funções cotidianas, motoras, do dia a dia, bem como com o processamento das emoções. E o Neocórtex, uma instância menos utilizada por nós humanos, em que estariam as possibilidades de elaborações mais complexas, tais como atribuições de significado às experiências, aspectos relacionados à intuição, práticas meditativas, etc. Acredito que aqui esteja o fundamento orgânico do chamado Cérebro Espiritual.

Há uma expressão famosa em inglês com relação à forma de o ser humano lidar com a realidade diante de contextos em que se sente em risco, em ameaça: "*to fight or flight*". Traduzida para o português como mecanismo de "lutar ou fugir".

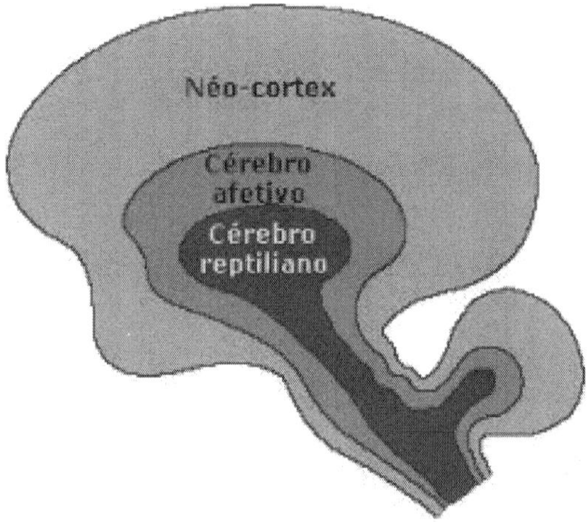

Figura 4 – O Cérebro Trino de Paul Maclean

Nesse sentido, os dois primeiros níveis do cérebro estariam sendo acionados. Diante dos desafios, das emoções, do medo, de dominarem o indivíduo fazendo-o correr ou em direção à possível ameaça, enfrentando-a, ou distanciando-se dela.

Mas como acionar o Neocórtex diante de contextos difíceis? Acredito que podemos acrescentar à expressão inglesa mais um verbo, que deverá se consagrar enquanto possibilidade de manifestação do comportamento, como alternativa à reação de luta ou fuga diante de situações desafiadoras, num nível mais espiritual. Ei-la:

"fight, flight or bright"

Que, em português, significa,

"lutar, fugir, ou brilhar".

As pessoas, no terceiro milênio, diante de contextos desafiadores, além de lutar ou fugir, poderão brilhar a sua luz, alcançando novas formas de compreensão da realidade em busca de saúde e de paz.

Jung e os 4 tipos de personalidade

Jung, psiquiatra criador da Psicologia Analítica, levantou a hipótese de que os tipos psicológicos humanos poderiam ser divididos em quatro formas: o tipo Racional, o tipo Sentimento, o tipo Intuitivo e o tipo Senso-Perceptivo.

Ao se aplicar a tipologia junguiana às divisões do par cérebro/mente numa perspectiva Física, torna-se mais fácil compreender que a função psíquica da Intuição poderia estar atrelada às possibilidades quânticas desse par, e que Jesus as expressou de forma natural e madura, afastando todos os aspectos de mistificação e falsas crenças que se poderia nutrir a respeito das condições do homem de repetirem tais feitos: Foi ele mesmo quem afirmou: "vocês podem fazer tudo o que eu faço, e muito mais". (João, 14:12)

Em um sentido espiritual, parece-me que o processo de autoconhecimento, de jogar luz em nossas próprias sombras, acolhendo-as, ao invés de negá-las, ajudará a raça humana a compreender melhor tais realidades. "Bem-aventurados os puros de coração, pois eles verão a Deus". (Mateus, 5:8)

Conclusão: a educação da nova geração

Afirma Max Planck: *"Uma nova verdade científica não triunfa convencendo seus oponentes e fazendo-os ver a luz, mas, ao contrário porque seus oponentes acabam morrendo, e uma nova geração cresce familiarizada com ela".*

Dessa forma, acredito que a educação quântica, no seio das famílias, ajudará as crianças do novo milênio a viverem num oceano de possibilidades, e as ajudará a serem indivíduos conectados com Deus, consigo mesmos e com o próximo, alcançando a verdadeira sociedade "*wireless*" que almejamos, não apenas por vias tecnológicas, mas pelas vias do auto-conhecimento que nos farão aproximar mais das realidades extras materiais, por meio do uso mais consciente de nossas possibilidades cerebrais e mentais. Isso favorecerá a humanidade a comungar melhor com as informações disponíveis como arquétipos no campo de nosso inconsciente coletivo.

Assim, num contexto de Educação, Promoção de Saúde, Espiritualidade e Paz para o Terceiro Milênio, não serão os homens que aprenderão com as máquinas sem fio a serem conectados. E sim, os homens, conectados sem fio à sua essência, é que poderão ensinar às máquinas a trabalharem pela saúde e pela paz da humanidade de maneira não-local e quântica, em última análise.

CAPÍTULO 5

Jesus e a Mulher Samaritana: da consciência do campo ao campo da consciência

"Senhor, vejo que és profeta". Mulher samaritana.
(João, 4:17)

Introdução

O que o Evangelho tem a ver com a Física? E com a Medicina? Abordamos essa interface de forma ampla ao longo desse volume. Porém, nos resta discutir aqui nesse capítulo o conceito de campo, numa perspectiva Física e Médica.

Porque o conceito de campo foi criado na Física? O que é um campo? Onde no Evangelho poderemos encontrar o exemplo de uma leitura de campo? Será que a passagem de Jesus com a mulher samaritana poderia ser um exemplo disso?

O conceito de campo na física

Segundo Gazinelli (2012), uma das características significativas das teorias da Física Clássica é o *princípio do realismo-local.* Tal princípio combina as ideias do *realismo*, segundo a qual as propriedades de um objeto são preexistentes às medidas possíveis de nele serem feitas, com a ideia de *localidade.*

Segundo esse princípio, dois objetos afastados devem ser considerados como entidades independentes e não podem ter efeitos diretos entre si. Essa, por exemplo, era a crença de Einstein. Porém, apenas 30 anos depois os experimentos de John Bell puderam comprovar essas hipóteses. E os achados experimentais foram na direção contrária às predições de Albert Einstein, ou seja, o teorema criado por Bell, a partir de suas experimentações – e também comprovado de forma suficiente posteriormente pelas experimentações de outros inúmeros físicos – demonstrava que sim, nossa intuição sobre a ideia de localidade é falsa. "*O universo em que vivemos não pode obedecer ao princípio da localidade*". (Gazinelli, 2012).

O conceito de campo na Física foi criado para sanar uma dificuldade. Tal dificuldade seria a de compreensão de como os corpos interagem à distância de forma imediata. Intuitivamente, temos a compreensão de que se um objeto interage com o outro sem estar em contato com ele, imaginamos que haja uma série de elementos intermediários e que essa ação seja transmitida por esses elementos. Tal noção de que as propriedades de um determinado sistema dependem de como ele é influenciado localmente – e não à distância – damos a essa percepção o nome de princípio da localidade.

Mas desde os primórdios da História da Física, fenômenos aparentemente não locais têm desafiado os cientistas. Dentre esses fenômenos poderíamos incluir a atração gravitacional da Terra com a Lua (como esses corpos interagem à distância?) o que chegou a fazer Newton propor um modelo, segundo Gazinelli (2012) "malogrado" de partículas invisíveis que preencheriam o espaço entre esses planetas e que seriam responsáveis pela transmissão da força gravitacional. Outro exemplo seriam as forças elétrica e magnética que revelariam tais propriedades de ação imediata à distância entre os corpos magnetizados ou eletrizados sem contato aparente.

Tudo isso levou à criação do conceito físico de *campo*. O campo seria então "o ente a mediar a ação à distância por meio de perturbações que se propagariam no espaço" (Gazinelli, 2012), porém com velocidade inferior ou igual à da Luz, segundo esse modelo, preservando a premissa do realismo e da localidade citada acima. Porém, pelo menos na realidade dos elétrons, estamos observando que sim, dois corpos podem interagir de forma não local e haver transmissão de informação entre eles.

O conceito de vasos comunicantes na física

O conceito de vasos comunicantes na Física surge a partir de uma experiência em que, independentemente do diâmetro de dois tubos que se comunicassem, existe uma tendência a que o fluído depositado em seu interior encontre um estado de equilíbrio, de homeostase entre ambos. Isso pode ser mais bem visualizado na figura abaixo (ver **Figura 5**)

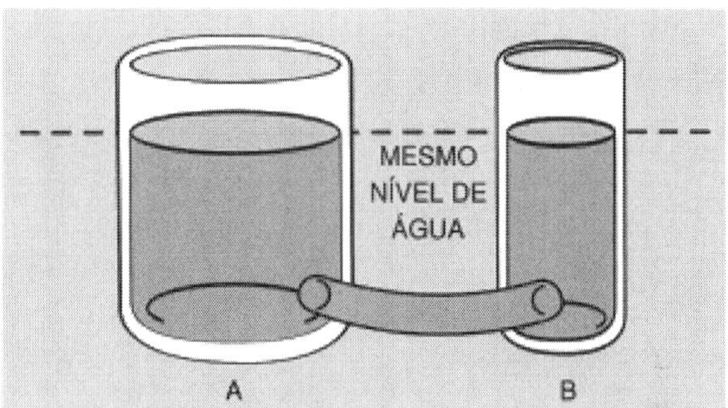

Figura 5 – Teoria/Experiência dos vasos comunicantes

Usaremos esses dois modelos da Física para tentar explicar o fenômeno da comunicação telepática, ou seja, estamos supondo que haja um processo de codificação e decodificação da informação pelo cérebro, que torna informações, na forma de imagens inconscientes, conscientes na forma de linguagem verbal, que se baseia na dinâmica de:

1) campo de interação entre as consciências e
2) que essa interação se baseia, em princípio de analogia, no modelo de vasos comunicantes da física clássica, ou seja, estamos propondo que se forme, de

> certa maneira, uma espécie de túnel entre as duas consciências que estabelecessem alguma forma de interação focada – ou não – entre si. Poderíamos dizer, talvez, em uma espécie de tunelamento não local, de emaranhamento quântico, talvez.

Porém, o campo de interação das consciências não parece ter características de *localidade* e sim de *não localidade.* Isso porque experimentos, como mencionado nos capítulos anteriores, o isolamento de duas pessoas eletromagneticamente em duas gaiolas de Faraday distintas – o que significa inclusive isolamento eletromagnético entre ambas – demonstrando que essas duas consciências continuam em interação, com troca de informação entre ambas – a partir das alterações do Eletroencefalograma que monitorava elas. O aspecto eletromagnético da interação, que atribuiria uma interação de campo em base de localidade, está sendo excluído, pois a interação parece continuar a existir, apontando para a possibilidade de uma interação diferente, não local. Mas isso é apenas uma hipótese.

Muitas pessoas tendem a imaginar que os conceitos da Física Quântica – tradicionalmente aplicados ao mundo chamado microcósmico – não poderiam ser aplicados ao universo dos estudos da consciência. Mas a pergunta que me faço e também sugiro ao leitor que se faça é: quem falou que a consciência não faz parte do universo do microcosmo?

Tendemos a imaginar que a mente tem o mesmo tamanho que o cérebro. Mas quem já viu a mente? Quem pode garantir que a mente, ou a consciência, em sua manifestação mais simples, em sua partícula fundamental, não se equivalha também, em essência, tamanho e propriedades, à menor partícula que possa existir em um átomo?

Nesse sentido, quem garante que a mente não possa se comportar exatamente como um elétron na interação com outra mente? Por muito tempo, o cérebro e a mente foram tomados como a partícula fundamental da consciência, assim como por muito tempo se acreditou que o átomo fosse a partícula indivisível fundamental da matéria. Hoje, podemos comprovar que existem inúmeras micropartículas com suas propriedades bastante específicas, que demonstram que o átomo era muito mais do que se imaginava. Quem não garante que o que hoje entendemos como mente não seja apenas um modelo atômico do que seja a consciência, com suas características ainda bastante específicas a serem descobertas? Numa busca da unidade, busca essa que se manifesta no anseio de inúmeros grandes cientistas de todos os tempos, será que essa hipótese não auxiliaria na união da matéria e do espírito e suas respectivas propriedades num mesmo foco de investigação? Quem não garante que a mente seja um campo a interagir com outro campo, de forma não local? Ou, em última análise, que não seja a própria consciência, a partícula última e fundamental do universo?

Usaremos, a seguir, um modelo do Evangelho que possa nos ajudar a melhor compreender esse fenômeno, que insisto estamos aqui levantando meramente como uma hipótese a ser comprovada, ou não, no decorrer das eras.

Uma ressalva. Muitas pessoas procuram videntes, cartomantes, médiuns, pitonisas, profetas e oráculos e essas pessoas dão informações – de forma paga ou não – sobre as suas vidas de forma bastante detalhada. Existem inúmeras hipóteses para explicar esses fenômenos. Uma delas, mais de senso comum, é de que essas pessoas teriam "poderes" diferentes das pessoas comuns, como se fossem habilidades paranormais especiais. Não acredito que sejam. Acredito, como qualquer possibilidade do cérebro, em maleabilidade e neuroaprendizagem, embora possa haver aqueles com maior predisposição, inclusive genética, a manifestar esse tipo de atribuição intuitiva do par mente/cérebro.

Uma das formas de explicar esse fenômeno é a hipótese de que essas pessoas estariam juntas com algum espírito, o qual lhes transmitisse essas informações. Isso cria o deslumbramento e a predispõe à fascinação às almas mais ingênuas e desinformadas. Mas, nesse caso, haveria uma terceira forma de consciência na interação entre as duas primeiras. Não é disso que estamos tratando, embora não sejamos contra essa outra possibilidade.

Nesse caso, a hipótese que estamos levantando da fonte da informação não é oriunda de um terceiro informante, e sim, da interação entre o mundo consciente e inconsciente das duas consciências em questão. As evidências – embora não unanimamente consideradas ou aceitas - no mundo científico e religioso demonstram, sim, que ela seja possível. Não estamos excluindo que haja a possibilidade do terceiro, apenas não é o foco da nossa perquirição neste momento.

Acredito, assim como na Física, que existe a teoria dos vasos comunicantes, em que um líquido tende a se equilibrar em um cano, na forma de "u", mantendo o mesmo nível dos dois lados, independentemente do tamanho dos recipientes, processo análogo poderá acontecer entre dois diferentes recipientes de "consciência" (**Figura 5 e** 6).

Proponho que esse modelo, enquanto metáfora, facilite a visualização de um dos mecanismos possíveis para explicar como se dá a comunicação entre duas mentes, de maneira que a informação inconsciente em uma venha a se tornar consciente para a outra, e vice-versa. (**Figuras 5 e** 6)

Como estudado nos capítulos anteriores, os conceitos atrelados à instância intuitiva da mente, dentro da tipologia junguiana, ou à possibilidade não local do par cérebro/mente, ou ainda, ao desenvolvimento do aspecto espiritual da inteligência poderão nos auxiliar na utilização cada vez maior dessa capacidade de obter informações a respeito do campo inconsciente de um indivíduo ou de um contexto qualquer pelo ser humano. Isso pode favorecer em inúmeros aspectos de um ponto de vista evolutivo, quando houver maior consciência do seu processo de desenvolvimento pessoal, e num contexto coletivo, de um ponto de vista sistêmico.

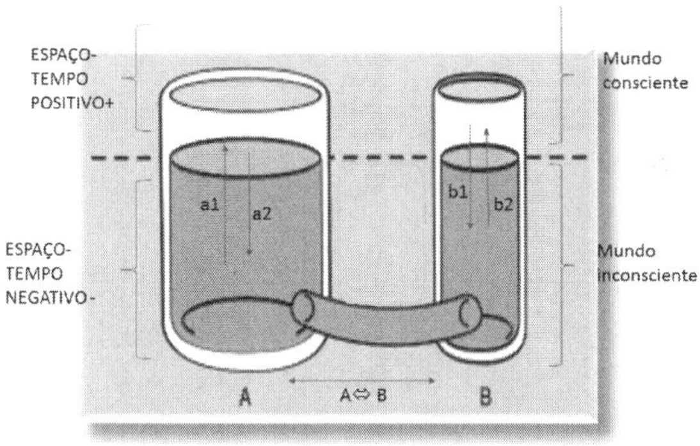

Figura 6 – Teoria/Experiência das consciências comunicantes

a1 e b2- Dinâmica individual 1: fluxo de informação do mundo inconsciente para o mundo consciente, respectivamente dos indivíduos **A** e **B** (na forma de linguagem não verbal - símbolos - traduzidos para a linguagem verbal.).
a2 e b1 - Dinâmica individual 2: fluxo de informação do mundo consciente para o mundo inconsciente, respectivamente dos indivíduos **A** e **B** (de linguagem verbal traduzidos para linguagem não verbal - símbolos.).
A ⇔ B - Dinâmica coletiva: comunicação inconsciente entre dois indivíduos por meio do inconsciente coletivo. Via da "telepatia", da "não localidade". Tunelamento quântico entre as duas consciências.

Fluxo e refluxo de informação até a estabilização se daria então, por exemplo, na seguinte sequencia dual, baseada no princípio da incerteza e da não localidade:
(**A**) gera informação consciente no espaço-tempo positivo que transforma em imagem simbólica (**a2**) que se comunica com B

(**A** ⇔ **B**) que gera (**b2**). A informação é então processada no nível consciente de B. Ou o contrário: o indivíduo **B** gera uma informação consciente que caminha para o mundo inconsciente (**b1**) no espaço-tempo negativo, e ocorre a transmissão de informação entre o indivíduo **A** e **B** por via inconsciente (**B** ⇔ **A**). O indivíduo A, por sua vez, capta a informação do seu mundo inconsciente (**a1**) e a processa conscientemente em seu nível consciente, quando ela emerge no seu espaço-tempo +.

Numa perspectiva quântica, pois, o cérebro pode acessar não localmente, e não linearmente determinadas realidades não palpáveis, por essas realidades estarem para além das linhas do eixo-espaço-tempo (ver **Figura** 6). Essa pode ser compreendida como a forma de se acessar diferentes campos de informação, de diferentes personalidades, fora do eixo espaço-tempo. Estabelecer esse tipo de conexão pode, por exemplo, ajudar o indivíduo a compreender realidades do presente, do passado e do futuro sobre os mais variados pontos, contextos e indivíduos. Convido você, leitor a refletir sobre esse processo e sobre a possibilidade teórica e prática de se obter informações a respeito dessa via. Em minha prática, isso tem sido bastante gratificante e enriquecedor.

É importante lembrar, de acordo com o que tenho visto, que a linguagem do inconsciente é não verbal, rica em símbolos e imagens e é preciso aprender a lidar com essas configurações da "nova-velha" forma de comunicação por meio das ondas do "grande-self", ou com o que talvez possamos chamar de "o inconsciente coletivo" ou quiçá da "grande mente de Deus".

Comento que é uma "nova-velha" forma de acessar fontes de sabedoria porque nas mais variadas tradições antigas a interpretação de sonhos e de outros métodos de acesso a campos de informação sempre se deram por várias formas, com transes induzidos ou não por rituais, danças ou mesmo pelo uso de substâncias psicoativas. Repercussões arquetípicas desse tipo de prática ainda reverberam na atualidade sob as mais diversas nomenclaturas.

Miltom Erickson – mais um precursor da psiquiatria quântica

Milton Erickson foi um psiquiatra nascido nos Estados Unidas que viveu entre 1910 e 1980. Desenvolveu todo o seu trabalho em torno das técnicas de hipnose, como forma de acessar o inconsciente de forma terapêutica.

Nesse sentido, o inconsciente tanto individual quanto coletivo, apresenta-se para ele como fonte de informação organizada e sábia, ao contrário de outras correntes da Psicologia e da Psiquiatria que posicionam, meramente, o inconsciente como uma fonte pulsional de caos e instinto.

Assim, a chamada hipnose ericksoniana, num estado focado de atenção, se aproxima muito do modelo que estamos propondo nesse capítulo, pois ele, a meu ver, também possibilita serem acionados arquétipos do mundo inconsciente individual na interação entre o terapeuta e o cliente, favorecendo a criação de metáforas pelo terapeuta que estejam conectadas com as necessidades daquele cliente, naquele dado momento da terapia. São dois campos de consciência a interagir e a produzir informação autentica, imediata, e não apenas fórmulas prontas de indução de um transe terapêutico, que também pode ser útil, mas não tanto como esse que estamos querendo informar.

Jesus, a mulher samaritana e a leitura de campo

"Disse-lhe Jesus: Vai, chama o teu marido, e vem cá. A mulher respondeu, e disse: Não tenho marido. Disse-lhe

> *Jesus: Disseste bem: Não tenho marido; Porque tiveste cinco maridos, e o que agora tens não é teu marido; isto disseste com verdade. Disse-lhe a mulher: Senhor, vejo que és profeta."* (João 4: 16-19)

Muitas pessoas ficam deslumbradas quando alguém fala para elas coisas íntimas sem que ninguém possa ter lhes contado sobre isso. Ainda mais quando trata-se de um desconhecido. Isso promove na pessoa que vê sua vida pessoal revelada, uma série de sentimentos. Muitas pessoas agem de má fé, explorando esse tipo de situação, aproveitando-se para fins escusos e explorar a crença dos indivíduos mais levianos e ingênuos.

Há, ainda, aqueles que não se valem de interesses materiais para manifestar essas possibilidades e entendem que isso é um dom espiritual e ajudam as pessoas a melhor se encontrar e encaminhar na vida. Há ainda terapeutas, educadores, e profissionais de várias áreas, pessoas comuns que, no dia a dia, se valem desse talento para otimizar os seus resultados no trabalho, na família, na relação geral com as pessoas.

Há ainda, como disse acima, o contexto em que parece haver terceiros informantes, mas isso extrapola o escopo deste capítulo, embora seja um tema de alta-relevância para a comunidade científica e religiosa como um todo, qual seja a possibilidade de comunicação com os mortos em via de mão dupla. Do ponto de vista religioso, essa foi uma das grandes consequências do trabalho de Allan Kardec, no século XIX. E, numa perspectiva científica, um dos trabalhos interessantes nesse sentido foi a tese de pós-doutorado de um brasileiro (Caroli, 2014) que estudou a possibilidade de veracidade ou fraude em algumas cartas atribuídas à psicografia de Francisco Cândido Xavier, e encontrou resultados bastante surpreendentes. Segundo esse trabalho, embora não se possa garantir que sejam mesmo os espíritos a fonte daquelas informações, a chance de fraude, utilizando os critérios científicos para a averiguação das informações, chega a ser menor do que 1%, considerando o conjunto das cartas estudadas.

Quando Jesus se depara com a mulher samaritana à beira do poço de Jacó, ele começa a revelar a ela seu passado e suas vivências afetivas. A meu ver, quando ele age dessa forma, ele está usando princípios quânticos, que mais tarde seriam estudados por Milton Erickson como leitura e interpretação das imagens do inconsciente por meio do transe.

Nessa passagem do Evangelho, Jesus seria um exemplo, no âmbito da Espiritualidade, de acesso ao mundo psíquico inconsciente daquela mulher usando os recursos de sua mente intuitiva, quântica e espiritual, de acordo com a conceituação que está sendo adotada nesta obra.

Palavras finais

Esse livro é apenas uma introdução ousada à interface entre a Saúde, a Espiritualidade e a Física. Certamente, ainda há muito a se descobrir e muito a se pesquisar. Como sempre quis deixar claro ao longo da obra, ela é apenas uma especulação diante de fatos que têm nos provocado a curiosidade e o interesse científico, entre a teoria e a prática na área da Saúde, onde trabalho e parecem ser dotados de alguma coerência teórica e prática.

Penso que o compartilhar dessas reflexões coincide com o interesse de muitas pessoas em compreender certos fenômenos de maneira lógica e coerente, longe das linhas do interesse meramente comercial, de mistificação – e não de misticismo e da mística – que possa aproximar os temas "quânticos" das correntes espiritualistas de uma forma geral.

Não existem aproximações teóricas que sejam proibidas. Não posso admitir também ouvir de físicos fundamentalistas que a mecânica quântica e suas teorias não devem ser estudadas em analogia com qualquer outro ramo do saber. Por que não?

Tudo é possível, desde que feito com isenção. Abro mão de todas as opiniões manifestas acima assim que encontrar algo ou alguém que me as explique melhor. Não tenho nenhum apego ao que apresentei e espero poder contar com a colaboração de todos os interessados em construirmos um paradigma novo para a nossa nação planetária, em que possamos viver de forma mais saudável, mais pacífica e nos reconhecendo mais como irmãos, ainda sem saber como, mas sentindo-nos muito mais conectados uns com os outros do que sequer até hoje pudemos imaginar...

Para muitos tudo isso pode ser o suficiente, para mim, é só o começo de muitas outras cogitações e experiências. Estabeleceu-se, na capa desse livro, uma pergunta. E agora, diante do exposto, permita-me lhe perguntar, leitor amigo: o que lhe parece mais provável na aproximação entre a psiquiatria, a neurociência, a física quântica e a espiritualidade: velha mistificação da nova ciência ou uma nova ciência para uma velha mística?

Referências

Alguns filmes/documentários

1) Jesus de Nazaré (1977).
2) O mistério da libélula (2002).
3) Quem somos nós? (2004).
4) Avatar (2009).
5) A Teoria de Tudo (2014).

Alguns sites

1) Departamento de Física de Harvard. Disponível em: <https://www.physics.harvard.edu/>. Acesso em: 16 set. 2018.
2) Portal Ser. Disponível em: <www.portalser.org>. Acesso em: 16 set. 2018.
3) Jornal Neuroquantology. Disponível em: <http://www.neuroquantology.com/index.php/journal>. Acesso em: 16 set. 2018.

Referências bibliográficas

1. Alighieri, Dante. **A Divina Comédia**. Ed. Scipione.
2. *Almeder R.* **Objeção materialista contra o dualismo cartesiano.** *Rev Psiq Clín. 2013;40(4):150-6.*
3. Andrade LH, Alonso J, Mneimneh Z, et al. **Barriers to Mental Health Treatment: Results from the WHO World Mental Health (WMH) Surveys.** *Psychological medicine.* 2014;44(6):1303-1317

4. Autores diversos. **O livro das religiões**. Globo livros, 2016.

5. Autores diversos. **Supervisão em Psiquiatria** – O Ensino da clínica e a clínica do ensino. 1ª ed. Segmento Farma.

6. Baars BJ, et al. **Consciousness, biology and quantum hypotheses**. Phys Life Rev. 2012 Sep;9(3):285-94.

7. Berger LS. **Psychotherapy, biological psychiatry, and the nature of matter: a view from physics**. Am J Psychother. 2001;55(2):185-201.

8. Bhavsar V, et al. **Dissociative trance and spirit possession: Challenges for cultures in transition.** Psychiatry Clin Neurosci. 2016 Dec;70(12):551-559.

9. BÍBLIA, Português. **A Bíblia Sagrada: Antigo e Novo Testamento**. Tradução de João Ferreira de Almeida. Edição rev. e atualizada no Brasil. Brasília: Sociedade Bíblia do Brasil, 1969.

10. Burges Watson IPP. **Atomic psychiatry? An essay**. Australas Psychiatry. 2017 Oct;25(5):507-509

11. CAMPBELL, Linda. **Ensino e aprendizagem por meio das Inteligências Múltiplas**. Porto Alegre: Artes Médicas, 2000.

12. Candido Xavier, Francisco. Pelo Espírito André Luiz. **No mundo maior.** 1ª ed. Feb editora, 1947.

13. Candido Xavier, Francisco. Pelo Espírito André Luiz. **Evolução em Dois Mundos**. Feb editora, 1958.

14. Candido Xavier, Francisco. Pelo Espírito André Luiz. **Nosso lar**. 56. ed. Rio de Janeiro: FEB, 2006.

15. Cândido Xavier, Francisco. Pelo Espírito Emmanuel. **Há dois mil anos: episódios da história do Cristianismo no século I. Romance de Emmanuel**. 45. ed. Rio de Janeiro: FEB, 2005.

16. Candido Xavier, Francisco. Pelo Espírito Emmanuel. **Paulo e Estêvão: episódios históricos do Cristianismo primitivo.** 41. ed. Rio de Janeiro: FEB, 2004.

17. Candido Xavier, Francisco. **A caminho da luz: história da civilização à luz do Espiritismo**. Pelo Espírito Emmanuel,

de 17 de agosto a 21 de setembro de 1938. 33. ed. Rio de Janeiro: FEB, 2006.

18. CAPRA, Fritjof. **A teia da vida (uma nova compreensão dos sistemas vivos)**. São Paulo: Cultrix, 1997.

19. CAPRA, Fritjof. **As conexões ocultas (ciência para uma vida sustentável)**. São Paulo: Cultrix/Amana-Key, 2002.

20. CAPRA, Fritjof. **O Ponto de Mutação: A ciência, a sociedade e a cultura emergente**. Tradução Álvaro Cabral. Revisão Técnica Newton Roberval Eichemberg. São Paulo: Cultrix, 1989.

21. CAPRA, Fritjof. O Tao da Física. **Um paralelo entre a física moderna e o misticismo oriental.** Tradução José Fernandes Dias. Revisão Técnica Newton Roberval Eichemberg. São Paulo: Cultrix, 1988.

22. Caroli Rocha, A. Denise Paraná, PhD, Elizabeth Schmitt Freire, PhD. Francisco Lotufo Neto, MD, PhD. Alexander Moreira-Almeida, MD, PhD. **Investigating the Fit and Accuracy of Alleged Mediumistic Writing: A Case Study of Chico Xavier's Letters**. September–October, 2014Volume 10, Issue 5, Pages 300–308.

23. **Cartilha de prevenção ao suicídio**. Associação Brasileira de psiquiatria. Brasília, 2014.

24. **Cartilha de suicídio** – *Site* OMS. Disponível em: <http://www.who.int/mental_health/suicide-prevention/world_report_2014/en/>. Acesso em: 15 ago. 2015.

25. Ceylan ME, et al. **The Soul, as an Uninhibited Mental Activity, is Reduced into Consciousness by Rules of Quantum Physics. Integr Psychol Behav Sci.** 2017 Dec;51(4):582-597.

26. Chopra, Deepak. **A Cura Quântica**. Editora Best Seller Ltda, 2017.

27. Comfort **A. "Existential"** psychiatry and quantum logic. Psychiatry. 1983 Nov;46(4):393-9.

28. **Constellations with Homeopathic Remediesc By Dr. Johannes Latzel Translation by Markus Abernathy.** Dispo-

nível em: <http://www.human-systems-institute.com/docs/elscie/Latzel_Constellations_W_Homeopathic_Remedies.pdf>. Acesso em: 10 ago. 2015.

29. Cury, Augusto. **Análise da Inteligência de Cristo**. Obras completas. (5 volumes). Editora Sextante.

30. Cury, Augusto. **Pais inteligentes fazem sucessores, e não herdeiros**. 1ª ed. 2014. Editora Saraiva.

31. Daher JC Jr. **Research on Experiences Related to the Possibility of Consciousness Beyond the Brain**: A Bibliometric Analysis of Global Scientific Output. J Nerv Ment Dis. 2017 Jan;205(1):37-47

32. Dalgalarrondo, P. **Estudos sobre religião e saúde mental realizados no Brasil: histórico e perspectivas atuais** Rev. Psiq. Clín. 34, supl 1; 25-33, 2007.

33. Dalton R, et al. **Mind, brain, and psychiatry**. Harv Rev Psychiatry. 1994 Sep-Oct.

34. Daniela Benzecry. **Drogadição, a Recuperação em A.A. e N.A. e a Espiritualidade: à luz da psicologia de C.G. Jung** (Portuguese Edition) Kindle Edition.

35. Dawkins, Richard. **O Gene Egoísta.** Tradução de Rejane Rubino. São Paulo: Companhia das Letras, 2007a [1ª edição: 1976 / 2ª edição: 1989].

36. De Sousa A. **Towards an integrative theory of consciousness: part 1 (neurobiological and cognitive models).** Mens Sana Monogr. 2013 Jan;11(1):100-50.

37. ________. **Towards an integrative theory of consciousness: part 2 (an anthology of various other models)**. Mens Sana Monogr. 2013 Jan;11(1):151-209.

38. **Delacour J. Neurobiology of consciousness: an overview.** Behav Brain Res. 1997 May;85(2):127-41.

39. **Dicionário MICHALEIS ONLINE**. Disponível em: <www.michaelis.uol.com.br>. Acesso em: 15 ago. 2015.

40. Dossey L. **PEAR lab and nonlocal mind: why they matter.** Explore (NY). 2007 May-Jun;3(3):191-6.

41. Dutra Dias, Haroldo. **Tradução. Novo Testamento.** FEB, Editora, 2016.

42. **Dysfunction in the Neural Circuitry of Emotion Regulation**—A Possible Prelude to Violence Richard J. Davidson,* Katherine M. Putnam, Christine L. Larson – Science (2000) 289, pg. 591-594.

43. **Einstein and Religion – Physicis and Theology** (1999). Princeton University press, 1999.

44. Etienne G. Krug, Linda L. Dahlberg,James A. Mercy, Anthony B. Zwi e Rafael Lozanooms. **Relatório mundial sobre violência e saúde.** Organização Mundial da Saúde.

45. Facco E **Epistemological implications of near-death experiences and other non-ordinary mental expressions: Moving beyond the concept of altered state of consciousness.** Med Hypotheses. 2015 Jul;85(1):85-93.

46. Feifel D. **Parallels of psychoanalytic theory and quantum mechanics.** Harv Rev Psychiatry. 1996 May-Jun;4(1):58.

47. Fleck, M et al. **Aplicação da versão em português do instrumento abreviado de avaliação da qualidade de vida** "WHOQOL-bref". Application of the Portuguese version of the abbreviated instrument of quality life WHOQOL-bref. Rev. Saúde Pública vol.34 n.2 São Paulo Apr. 2000

48. *Franckl, Victor.* **Em busca do sentido.** *Ed. Vozes.*

49. Frecska E, et al. **Neuro-ontological interpretation of spiritual experiences. Neuropsychopharmacol Hung.** 2006 Oct;8(3):143-53.

50. Freitas Araújo, S. **O eterno retorno do materialismo: padrões recorrentes de explicações materialistas dos fenômenos mentais.** Rev. psiquiatr. clín., vol. 40, nº.3, São Paulo, 2013.

51. Freud, S. **Além do princípio do prazer.** Vol XVIII das obras completas, 1920.

52. GARDNER, Howard. **Inteligências Múltiplas**: a teoria na prática. Porto Alegre: Artes Médicas, 1995.

53. Gattaz et al. **Clínica Psiquiátrica.** Volumes 1 e 2. USP.

54. Gazinelli, R. **Quem tem medo da Física Quântica?** Ed. UFMG, 2012.

55. Gehrke Panzini, R. Tese Mestrado. **Escala de Coping Religioso e Espiritual (Escala CRE): Tradução, Adaptação e Validação da escala RCOPE, abordando relações com saúde e qualidade de vida**, 2004.

56. Gehrke Panzini, R.; Ruschel Bandeira, Denise. **Escala de coping religioso-espiritual (escala cre1)**: elaboração e validação de construto. Psicologia em Estudo, Maringá, v. 10, n. 3, p. 507-516, set./dez. 2005

57. Germine M. **Consciousness and synchronicity**. Med Hypotheses. 1991 Nov;36(3):277-83.

58. Ghalib SF. **Is the moon there when nobody looks?** Br J Psychiatry. 2012 Aug;201:159.

59. Gierer A. **Brain, mind and limitations of a scientific theory of human consciousness**. Bioessays. 2008 May;30(5):499-505.

60. Globus GG, et al. **Nonlocal neurology: beyond localization to holonomy**. Med Hypotheses. 2010 Nov;75(5):425-32.

61. *GOLEMAN, Daniel.* **Inteligência emocional – a teoria revolucionária que redefine o que é ser inteligente**. Editora Objetiva, 1995.

62. Goswami, A. **Criatividade Quântica**. Editora Aleph, 2008.

63. Goswami, A. **Evolução Criativa das Espécies**. Editora Aleph, 2009.

64. GOSWAMI, Amit. **O universo autoconsciente: como a consciência cria o mundo material**. Trad. Ruy Jungmann. Rio de Janeiro: Record: Rosa dos Tempos, 1998.

65. Grinberg-Zylberbaum, J. Delaflor, M., Atie, L., e Goswami, A. **"Einstein-Podolsky-Rosen paradox in the human brain: The transfered potential."** Physics Essays, volume 7, pp 422-28, 1994.

66. Grof S. **Human nature and the nature of reality: conceptual challenges from consciousness research**. J Psychoactive Drugs. 1998 Oct-Dec;30(4):343-57.

67. Grof S. Theoretical and empirical foundations of transpersonal psychology. Cesk Psychiatr. 1994 Apr;90(2):78-90.

68. Guyton, A. e Hall. **Tratado de Fisiologia Médica**. 12ª ed. Elsevier, 2014.

69. Hameroff S. **Consciousness in the universe**: a review of the 'Orch OR' theory. Phys Life Rev. 2014 Mar;11(1):39-78.

70. _________. **Consciousness, the brain, and spacetime geometry**. Ann N Y Acad Sci. 2001 Apr;929:74-104.

71. _________. **How quantum brain biology can rescue conscious free will. Front Integr Neurosci.** 2012 Oct 12;6:93

72. _________. **Funda-Mentality': is the conscious mind subtly linked to a basic level of the universe?** Trends Cogn Sci. 1998 Apr 1;2(4):119-24.

73. _________. **The brain is both neurocomputer and quantum computer**. Cogn Sci. 2007 Nov 12;31(6):1035-45

74. Hameroff SR, et al. **Quantum effects in the understanding of consciousness**. J Integr Neurosci. 2014 Jun;13(2):229-52

75. Hare, R.D. (1980). **A research scale for the assesment os psychopatology in criminal populations**. Personality and Individual Diferences 1, 111-19.

76. Hare, R.D. **Without conscience**: The Disturbing World of Psychopats Among Us. New York. Guilford press, 1993.

77. Hare, R.D. **The Hare Psychopaty Checklist** – Revised (PCL-R), 2nd ed. Toronto, Canada: Multi-Health Systems, 2003.

78. Helinger, Bert. **A fonte não precisa perguntar pelo caminho**. Atman Editora, 2012.

79. Helinger, Bert. **A simetria oculta do amor**. Atman Editora, 2011.

80. Helinger, Bert. **Constelações familiares**. Atman Editora, 2010.

81. Helinger, Bert. **Ordens do Amor**. Atman Editora, 2003.

82. Iandolli Jr., D. **A Reencarnação como lei biológica natural**. São Paulo: Fé, 2004.

83. Jaspers, Karl. **Psicopatologia Geral**. Volumes 1 e 2. Editora Atheneu, 1973.

84. John ER. **A field theory of consciousness**. Conscious Cogn. 2001 Jun;10(2):184-213.

85. Jung, C. G. **Aion**. Ed. Vozes, 1986.

86. Jung, C. G. **Obras completas**. Ed. Vozes. 18 volumes.

87. Jung, C.G. **Os tipos psicológicos**. Ed. Vozes. 7ª ed. 2013.

88. Kaellis E. **About hypotheses and paradigms: exploring the Discreetness-Chance Paradigm.** Med Hypotheses. 2006;66(1):188-92.

89. Kardec, A. **Céu e Inferno**. Feb Editora.

90. Kasprow MC, et al. **A review of transpersonal theory and its application to the practice of psychotherapy.** J Psychother Pract Res. 1999 Winter;8(1):12-23.

91. Kenny MG. **Multiple personality and spirit possession**. Psychiatry. 1981 Nov;44(4):337-58.

92. Keppler J. **The Role of the Brain in Conscious Processes**: A New Way of Looking at the Neural Correlates of Consciousness. Front Psychol. 2018 Aug 3;9:1346.

93. Koenig H. **Psychoneuroimmunology and the Faith Factor.** JGSM [periódico na internet]. 2000. 2004 3(5):37-44. Disponível em: <http://www.mmhc.com/engine.pl?station=mmhc&template=jgsmfull.html&id=1508>. Acesso em: 1 ago. [Links]

94. Koenig, Harold. **A Espiritualidade no cuidado com o paciente**. Ed. Catavento, 2005.

95. Korf J. **Quantum and Multidimensional Explanations in a Neurobiological Context of Mind.** Neuroscientist. 2015 Aug;21(4):345-55

96. *Krippner, S.* **Os primeiros curadores da humanidade**: abordagens psicológicas e psiquiátricas sobre os xamãs e o xamanismo / *Rev. Psiq. Clín. 34, supl 1; 17-24, 2007.*

97. Kubler Ross, E. **Sobre a Morte e o Morrer**. São Paulo. Ed. Martins Fontes. 1985

98. KUBLER-ROSS, E. **A roda da vida: memórias do viver e do morrer.** Tradução Maria Luiza N. Silveira. Rio de Janeiro: Sextante, 1998.

99. Kurita Y. **Indispensable role of quantum theory in the brain dynamics.** Biosystems. 2005 Jun;80(3):263-72.

100. Lahood G. **Rumour of angels and heavenly midwives: anthropology of transpersonal events and childbirth.** Women Birth. 2007 Mar;20(1):3-10.

101. Lake J. **Emerging paradigms in medicine: implications for the future of Psychiatry.** Explore (NY). 2007 Sep -Oct;3(5):467-77.

102. Lee BX, et al. **Physics and the quandaries of contemporary psychiatry: review and research. Psychiatry.** 1999 Fall;62(3):222-34.

103. Lent, Roberto et al. **100 bilhões de neurônios.** 1ª ed. Atheneu, 2010.

104. Lewis ER, et al. **A natural science approach to consciousness.** J Integr Neurosci. 2010 Jun;9(2):153-91.

105. Lewith, G.T., Brien, S., Hyland, M.E. **Presentiment or entanglement?: An alterantive explanation for apparent entaglement in provings.** Homeopathy. Volume 94, Issue 2, April 2005, pages 92-95.

106. Libet B. **Reflections on the interaction of the mind and brain.** Prog Neurobiol. 2006 Feb-Apr;78(3-5):322-6.

107. Ma SS. **The I Ching and the psyche-body connection.** J Anal Psychol. 2005 Apr;50(2):237-50.

108. Macgregor RJ, et al. **Consciousness and the structure of matter.** J Integr Neurosci. 2008 Mar;7(1):75-116.

109. Mazarollo, Isidoro. **Jesus e a Física Quântica.** Editora PUC-Rio, 2013.

110. Mclean, Paul. **"The Triune Brain in evolution: Role in paleocerebral functions"**, 1990.

111. Mender D. **Two pathways toward an integrative quantum psychophysics.** J Integr Neurosci. 2017;16(s1):S65-S68.

112. Milgrom, L.R. **Patient-practioner-remedy (PPR) entanglement. Part 3. Refining the quantum metaphor for homeopathy.** The Journal of Alternative and Complementary Medicine 01/2004; 9(6):919-36.

113. Ministério da Saúde. **As cartas da promoção de Saúde.** Brasília, 2002.

114. Moreira, Alexander; Menezes, A. Jr. **Revisão da Literatura – O diagnóstico diferencial entre experiências espirituais e transtornos mentais de conteúdo religioso.** Rev. psiquiatr. clín. vol.36, nº.2, São Paulo, 2009.

115. Moreira-Almeida A, Araujo SF. **O cérebro produz a mente? Um levantamento da opinião de psiquiatras** / Arch Clin Psychiatry. 2015;42(3):69-70.

116. Moreira-Almeida A. **Implications of spiritual experiences to the understanding of mind-brain relationship.** Asian J Psychiatr. 2013 Dec;6(6):585-9

117. MOREIRA-ALMEIDA, Alexander; ARAUJO, Saulo de F. y CLONINGER, C. Robert. **The presentation of the mind-brain problem in leading psychiatry journals.** Rev. Bras. Psiquiatr. [*online*]. 2018, vol.40, n.3, pp.335-342.

118. Morstyn R. **The quantum of meaning: an approach to the paradox of self-observation.** Aust N Z J Psychiatry. 1992 Jun;26(2):287-94.

119. ________. **Quantum metaphors in deep psychotherapy.** Aust N Z J Psychiatry. 1989 Dec;23(4):483-90.

120. Nakagomi T. **Quantum monadology: a consistent world model for consciousness and physics.** Biosystems. 2003 Apr;69(1):27-38.

121. Tarlaci, S. **A Historical view of the relation between quantum mechanics and the Brain.** NeuroQuantology | June 2010 | Vol 8 | Issue 2 | Page 120-136.

122. Ghaemi SN. **Quantum psychiatry: a new paradigm?.** NeuroQuantology | March 2010 | Vol 8 | Issue 1 | Page 49-50,

123. Ogasawara M, et al. **A case of depression whose symptoms cured by setting her psychological base on the transcendent level.** Seishin Shinkeigaku Zasshi. 2009;111(10):1203-11.

124. Organização Mundial da Saúde. CID-10. Classificação Estatística Internacional de Doenças e Problemas Relacionados à Saúde. 10ª rev. São Paulo: Universidade de São Paulo; 1997. Vol.1. 5

125. Osvaldo Pessoa Jr. **Conceitos de Física Quântica**, Volume 1. Editora Livraria da Física, 2003.

126. Pastor-Gómez J. **Quantum mechanics and brain: a critical review.** Rev Neurol. 2002 Jul 1-15;35(1):87-94.

127. Pereira S, et al. **Making sense of 'possession states': psychopathology and differential diagnosis.** Br J Hosp Med. 1995 Jun 7-20;53(11):582-6.

128. Persinger MA, et al. **A theory of neurophysics and quantum neuroscience: implications for brain function and the limits of consciousness.** Int J Neurosci. 2007 Feb;117(2):157-75.

129. Powell A. **Psychiatry and spirituality: the forgotten dimension** [online]. [acesso em 1 ago. 2004]. Disponível em: <http://www.rcpsych.ac.uk/pdf/powell_19_11_03_2%20.pdf>. [Links].

130. Prabhu HR, et al. **Mind and consciousness in yoga - Vedanta: A comparative analysis with western psychological concepts.** Indian J Psychiatry. 2013 Jan;55(Suppl 2):S182-6.

131. Prakash R. **The conscious access hypothesis: Explaining the consciousness.** Indian J Psychiatry. 2008 Jan;50(1):10-5.

132. Masters KS, Spielmans GI. **Prayer and health: review, meta-analysis, and research agenda.** J Behav Med. 2007 Oct;30(5):447. Epub 2007 May 3. Review.

133. Quevedo, João et al. **Emergências psiquiátricas.** 3ª ed. Artmed, 2013.

134. RADIN, D. **Mentes interligadas.** Editora Aleph (2008).

135. Redyson, Deyve. .Universidade Federal da Paraíba. **SCHOPENHAUER E O PENSAMENTO ORIENTAL ENTRE O HINDUÍSMO E O BUDISMO.** Religare 7 (1), 3-16, Março de 2010.

136. Rene Descartes. **O discurso do método.** São Paulo: Ed. Martins Fontes, 2001.

137. **Targ E.** Research methodology for studies of prayer and distant healing. Complement Ther Nurs Midwifery. 2002 Feb;8(1):29-41. Review.

138. Riker RR, et al. **Einstein, quantum mechanics, and delirium.** Crit Care Med. 2005 Jun;33(6):1421-2.

139. Ronaldo Laranjeiras, et al. **Aconselhamento em Dependência Química.** 2ª ed. Editora Roca.

140. Rosa LP, et al. **Quantum models of the mind: are they compatible with environment decoherence?** Phys Rev E Stat Nonlin Soft Matter Phys. 2004 Sep;70(3 Pt 1):031902. Epub 2004 Sep 15.

141. Rosen, Sidney. **Minha voz irá contigo.** Editora Psy.

142. Rossanon del farra, **Health Education and Spiritualitty: metodological propositions.** Rev. bras. educ. med. Vol. 34, nº 4. **Rio de Janeiro Oct./Dec. 2010.**

143. Salgado, M.I.; Freire, G. **Saúde e Espiritualidade** – Volumes 1 e 2. Inede Editora.

144. Santo Agostinho. **Confissões.** Ed. Vozes.

145. Santos E. G.; Siqueira, M.M.J.; Bras. Psiquiatr. Vol. 59 nº.3. Rio de Janeiro 2010 – **Prevalência dos transtornos mentais na população adulta brasileira:** uma revisão sistemática de 1997 a 2009.

146. SATINOVER, J. **O Cérebro Quântico.** Editora Aleph (2008).

147. Scharfetter C. **Occultism, parapsychology and the esoteric from the perspective of psychopathology.** Fortschr Neurol Psychiatr. 1998 Oct;66(10):474-82.

148. Schwartz AS. **Nonlocality and exceptional experiences: a study of genius, religious epiphany, and the psychic.** Explore (NY). 2010 Jul-Aug;6(4):227-36.

149. Schwartz JM, et al. **Quantum physics in neuroscience and psychology: a neurophysical model of mind-brain interaction.** Philos Trans R Soc Lond B Biol Sci. 2005 Jun 29;360(1458):1309-27.

150. Schwartz SA. **The blind protocol and its place in consciousness research.** Explore (NY). 2005 Jul;1(4):284-9.

151. Searle JR. **How to study consciousness scientifically.** Philos Trans R Soc Lond B Biol Sci. 1998, Nov 29;353(1377):1935-42.

152. Sheldrake, R. Smart, P. A **Dog That Seems to Know When His Owner Is Coming Home: Videotaped Experiments and Observations.** Journal of Scientific Exploration, Vol. 14, N°. 2, pp. 233-255, 2000.

153. Sigmund Freud. Obras completas. Volume 15. **Psicologia das massas e análise do Eu e outros textos** (1920-1923). Tradução Paulo César de Souza.

154. Slater VE. **Toward an understanding of energetic healing, Part 2: Energetic processes.** J Holist Nurs. 1995 Sep;13(3):225-38.

155. **Sobre a Teoria do Caos.** Disponível em: <http://www.professores.uff.br/salete/caos.htm>. Acesso em: 15 ago. 2015.

156. **Sobre César Lombroso.** Disponível em: <http://www.cerebromente.org.br/n01/frenolog/lombroso_port.htm>. Acesso em: 10 ago. 2015.

157. Stevenson, IAN. **20 casos de reencarnação.** 2ª ed. University press of Virginia, 1974.

158. Stevenson, Ian. **Metade de uma carreira com a paranormalidade.** Rev. Psiq. Clín. 34, supl 1; 150-155, 2007.

159. Strauss C. **The brave new world of quantum health care: some thoughts on the anatomy and physiology of a medical entity and the culture in which it is immersed. Part I.** Mo Med. 1998 Feb;95(2):75-7.

160. Takahashi T. **Toward a physical theory of quantum cognition.** Top Cogn Sci. 2014 Jan;6(1):104-7.

161. Tarlacı S, et al. **Quantum neurophysics: From non-living matter to quantum neurobiology and psychopathology.** Int J Psychophysiol. 2016 May;103:161-73.

162. Tegmark M. **Importance of quantum decoherence in brain processes.** Phys Rev E Stat Phys Plasmas Fluids Relat Interdiscip Topics. 2000 Apr;61(4 Pt B):4194-206.

163. Teixeira, João de Fernandes. **O que é Filosofia da Mente?** Editora Brasiliense, 1994.

164. Tonello L, et al. **Stream of consciousness: Quantum and biochemical assumptions regarding psychopathology.** Med Hypotheses. 2017 Apr;101:78-84

165. Tresan DI **This new science of ours: a more or less systematic history of consciousness and transcendence. Part II.** J Anal Psychol. 2004 Jun;49(3):369-96.

166. Ubaldi, P. **Deus e o Universo.** Ed. Fundapu, 1987.

167. Van Lommel PR; Van Wees R; Meyers, Elfferich I. **Near-death experience in survivors of cardiac arrest: a prospective study in the Netherlands.** Lancet. 2001;358:2039-45.

168. Vas P J, et al. **Body-mind unity in tandem hypnotherapy.** Psychiatr Hung. 2012;27(3):157-64.

169. Venkatasubramanian G. **Understanding schizophrenia as a disorder of consciousness: biological correlates and translational implications from quantum theory perspectives.** Clin Psychopharmacol Neurosci. 2015 Apr 30;13(1):36-47

170. Vithoulkas G, et al. **Conscience and consciousness: a definition.** J Med Life. 2014 Mar 15;7(1):104-8. Epub 2014 Mar 25.

171. *Von Haesler NT; Beauregard M* **Experiências de quase morte em parada cardíaca: implicações para o conceito de mente não local.** *Rev Psiq Clín. 2013;40(5):197-202.*

172. Von Lucadou W, et al. **Extraordinary experiences in its cultural and theoretical context.** Int Rev Psychiatry. 2014 Jun;26(3):324-34

173. Walach H, et al. **Transpersonal psychology – psychology of consciousness: chances and problems]**. Psychother Psychosom Med Psychol. 2005 Sep-Oct;55(9-10):405-15.

174. Walach H, et al. **From parapsychology to spirituality: the legacy of the PEAR database.** Explore (NY). 2007 May-Jun;3(3):197-9.

175. Walach, H. **Magic of Signs: A Nonlocal Interpretation of Homeopathy.** Journal of Scientific Exploration, Vol. 13, No. 2, pp. 291–315, 1999.

176. Walsh R. **The consciousness disciplines and the behavioral sciences: questions of comparison and assessment.** Am J Psychiatry. 1980 Jun;137(6):663-73.

177. Weill, Pierre. **Antologia do êxtase**. Ed. Palas Athena, 1993.

178. Weingarten CP, et al. **A New Spin on Neural Processing**: Quantum Cognition. Front Hum Neurosci. 2016 Oct 26;10:541. eCollection, 2016.

179. William R. Miller and Janet C›de Baca. **Quantum Change When Epiphanies and Sudden Insights Transform Ordinary Lives**. 2001.

180. Williams CR, et al. **Law, psychology, and the "new sciences": rethinking mental illness and dangerousness**. Int J Offender Ther Comp Criminol. 2002 Feb;46(1):6-29.

181. Zabriskie B. **Synchronicity and the I Ching**: Jung, Pauli, and the Chinese woman. J Anal Psychol. 2005 Apr;50(2):223-35.

182. Zeig, Jeffrey K. **Vivenciando Erickson**. Editora Psy, 1985.

183. Zhang Y, et al. **Preliminary research on abnormal brain detection by wavelet-energy and quantum** – behaved PSO. Technol Health Care. 2016 Apr 29;24 Suppl 2:S641—9.

184. *Zohar, Danah; MArshal, I.* **Spiritual Intelligence**. *Bloomsbury papperbacks.*

185. ZOHAR, Danah. **O Ser quântico**: uma visão revolucionária da natureza humana e da consciência, baseada na nova física. Best Seler, 1990.

Referências figuras

Figura 1: <https://www.google.com/url?sa=i&rct=j&q=&esrc=s&source=images&cd=&cad=rja&uact=8&ved=2ahUKEwjYo5rcz-4neAhXHfZAKHdDvDh0QjRx6BAgBEAU&url=http%3A%2F%-2Fmichelinerahal.com.br%2Fresiliencia=-o-efeito-mola2%F&psig-AOvVaw2gG-frg6Eg689hy0x15oFO&ust=1539733251894549>.

Figura 2: <https://www.google.com/imgres?imgurl= https%3A%-2F%2Fupload.wikimedia.org%2Fwikipedia%2Fcommons%2Ff%-2Ffd%2FLinhas_de_forca.PNG&imgrefurl=https%3A%2F%2Fpt.wikipedia.org%2Fwiki%2FLinha_de_for%25C3%25A7a&docid=tAQFUAFzuiwLCM&tbnid=fC3UBzvzA8WRHM%3A&vet=10ahUKEwiL9oqe14neAhWEgJAKHQnLCwkQMwh6KD-gwOA..i&w=492&h=345&authuser=0&client=gmail&bih=640&-

biw=1344&q=%C3%ADm%C3%A3%20e%20limalha%20de%20 ferro&ved=0ahUKEwiL9oqe14neAhWEgJAKHQnLCwk-QMwh6KDgwOA&iact=mrc&uact=8>.

Figura 3: <https://www.google.com/imgres?imgurl=http%3A%2F%2F3.bp.blogspot.com%2F-QA3hN5RTt8U%-2FUh9UApaEiqI%2FAAAAAAAAAHM%2FQf8J9pu-vZMM%2Fs1600%2Fwallpapers-bola-estadio-futebol.jpg&imgrefurl=http%3A%2F%2Fquimicaembecker.blogspot.com%-2F&docid=49U_nqjIH-5qbM&tbnid=Anxfrblt6x8OoM%3A&-vet=10ahUKEwjd8qHh14neAhVIF5AKHV89AeUQMwh-VKCEwIQ..i&w=320&h=240&authuser=0&client=gmail&-bih=640&biw=1344&q=modelo%20atomico%20bola%20e%20 estadio%20de%20futebol&ved=0ahUKEwjd8qHh14neAhVI-F5AKHV89AeUQMwhVKCEwIQ&iact=mrc&uact=8>.

Figura 4: <https://www.google.com.br/url?sa=i&rct=j&q=&esrc=s&source=images&cd=&cad=rja&uact=8&ve-d=2ahUKEwiklJbV4IneAhXDHJAKHbGsBBoQjRx6BA-gBEAU&url=http%3A%2F%2Fcerebrointegral.blogspot.com%2F2012%2F07%2Fcerebro-e-suas-funcoes.html&psig=AO-vVaw2v8M6Bo_mvj78NvW5t4XOh&ust=1539737808873869>.

Sobre o autor

Fabrício Oliveira é mineiro, pai de três filhos. Criado no interior de Minas Gerais, de onde saiu para concluir os seus estudos de nível secundário e superior. No campo profissional, formou-se em Medicina pela Universidade Federal de Minas Gerais, especializando-se em Psiquiatria e Homeopatia, com pós-graduação em Dependência Química e formação nas áreas de Hipnose Ericksoniana, Coaching, Psicologia Positiva e Constelações Familiares Sistêmicas. Fabrício é mestrando em Saúde pela Faculdade de Medicina da Universidade Federal de Juiz de Fora, sob a orientação de Alexander Moreira-Almeida e prof. Dr. John Peteet, da Harvard Medical School.

Com experiência no setor público e privado, como médico já atendeu mais de 10 mil pacientes e familiares ao longo desse período, de onde retira a sua inspiração para a escrita deste livro e a sua gratidão por todos esses anos de muito aprendizado nessa área.

Como agente de promoção e prevenção em Saúde, na interface com a Educação, já ministrou palestras no Brasil e no Exterior, envolvendo as áreas de Saúde, Educação e Espiritualidade Humana.

Durante o período acadêmico, junto com alguns colegas, fundou o NASCE – Núcleo Avançado de Saúde, Ciência e Espiritualidade da Faculdade de Medicina da UFMG (Universidade Federal de Minas Gerais) e frequentou várias reuniões e congressos de Saúde e Espiritualidade. Inclusive, ele foi um dos responsáveis pela implantação da disciplina optativa de Saúde e Espiritualidade no currículo médico dessa universidade, no início desse século. Membro do NUPES-UFJF (Núcleo de Pesquisas em Espiritualidade e Saúde da Universidade Federal de Juiz de Fora), sob a coordenação de Prof. Dr. Alexander Moreira-Almeida.

Atualmente, Fabrício mora em Conselheiro Lafaiete e atende em seu consultório na cidade e também na região, com ações também no mundo *on-line*, que visam promover saúde e paz.

Conheça mais sobre o nosso autor, acessando sua página: <www.drfabriciooliveira.com>.